PRÉCIS HISTORIQUE ET CRITIQUE

DE LA LÉGISLATION FRANÇAISE

SUR

LE COMMERCE DES CÉRÉALES

ET DES MESURES D'ADMINISTRATION

PRISES DANS LES TEMPS DE CHERTÉ

PAR

H.-F. Rivière

avocat à la Cour impériale, docteur en droit, lauréat de l'Académie de législation;

auteur des *Répétitions écrites sur le Code de commerce*, de l'*Examen du Régime de la Propriété mobilière en France*, des *Commentaires de la Loi sur la Transcription*, etc.

C'est par le commerce seul, et par le commerce libre, que l'inégalité des récoltes peut être corrigée.
(TURGOT.)

PARIS

GUILLAUMIN & Cie,
LIBRAIRES-ÉDITEURS
rue Richelieu, 14.

MARESCQ
LIBRAIRE-ÉDITEUR
rue Soufflot, 17.

1859

PRÉCIS HISTORIQUE ET CRITIQUE

DE LA LÉGISLATION FRANÇAISE

SUR

LE COMMERCE DES CÉRÉALES

DIJON, IMPRIMERIE J.-E. RABUTOT
place Saint-Jean, 1 et 3.

PRÉCIS HISTORIQUE ET CRITIQUE

DE LA LÉGISLATION FRANÇAISE

SUR

LE COMMERCE DES CÉRÉALES

ET DES MESURES D'ADMINISTRATION

PRISES DANS LES TEMPS DE CHERTÉ

PAR

H.-F. Rivière

avocat à la Cour impériale, docteur en droit, lauréat de l'Académie de législation;

auteur des *Répétitions écrites sur le Code de commerce*, de l'*Examen du Régime de la Propriété mobilière en France*, des *Commentaires de la Loi sur la Transcription*, etc.

C'est par le commerce seul, et par le commerce libre, que l'inégalité des récoltes peut être corrigée.

(TURGOT.)

PARIS

GUILLAUMIN & Cie, LIBRAIRES-ÉDITEURS, rue Richelieu, 14.

MARESCQ, LIBRAIRE-ÉDITEUR, rue Soufflot, 17.

1859

J'aurais peut-être différé longtemps encore la publication de cette étude, si je n'avais pas pensé qu'elle pouvait renfermer plusieurs documents utiles et quelques vérités bonnes à connaître, dans un moment où nos législateurs se disposent probablement à substituer une législation permanente aux lois temporaires qui, depuis quelques années, régissent le commerce extérieur des céréales. Ce n'est pas, du reste, le seul point que j'aie étudié : je me suis aussi occupé des lois sur le commerce intérieur, qui, à mon sens, demanderaient bien quelques réformes.

J'ai voulu, avant tout, être impartial. Et quoique dans ce Précis, comme dans d'autres écrits (1), je sois resté le fidèle partisan du principe de la liberté commerciale, je crois n'avoir rien omis sciemment de ce qui pouvait paraître favorable au système contraire.

Je n'ai conclu qu'après avoir interrogé et étudié scrupuleusement les textes et les faits.

Je livre donc avec confiance mes recherches et mes réflexions à tous ceux dont le jugement n'est point dominé par

(1) Voyez mon *Examen du Régime de la Propriété mobilière en France;* PASSIM.

le sentiment de l'intérêt ou par l'esprit de parti, tout prêt, comme le disait Forbonnais, à abandonner l'opinion que j'ai embrassée pour adopter celle qu'on me démontrera être meilleure, c'est-à-dire plus conforme à l'intérêt général.

Le 10 janvier 1859.

H.-F. RIVIÈRE.

N. B. Afin de ne pas augmenter le nombre des notes qui se trouvent dans le cours de ce travail, je me suis borné à rappeler la date exacte des textes que j'ai analysés, sans indiquer, si ce n'est par exception, les recueils dans lesquels j'ai puisé. Ceux dont je me suis alternativement servi sont : 1° les *Edits et Ordonnances des Rois de France*, de Fontanon ; 2° le *Recueil des ordonnances* dit *du Louvre;* 3° le *Traité de la Police*, de Delamare ; 4° le *Recueil des principales Lois relatives au Commerce des Grains;* 5° le *Recueil général des anciennes Lois françaises*, de M. Isambert ; 6° enfin, le *Bulletin des Lois.*

PRÉCIS HISTORIQUE ET CRITIQUE

DE LA LÉGISLATION FRANÇAISE

SUR

LE COMMERCE DES CÉRÉALES

CONSIDÉRATIONS PRÉLIMINAIRES

Parmi les moyens de solution économique de la question des subsistances, les lois sur la circulation, sur le commerce intérieur et extérieur des céréales occupent certainement le premier rang.

Il n'est aucune partie de notre législation qui offre un sujet plus intéressant, plus digne des méditations et de la sollicitude de nos législateurs.

C'est, en effet, celle qui a le plus d'influence sur la tranquillité et le repos de tous ceux qui, n'ayant que leur travail quotidien pour vivre, sont les premiers et le plus cruellement atteints par l'insuffisance des choses nécessaires aux besoins et à la conservation de l'homme.

Mais il n'est point d'étude qui présente à l'esprit plus de rapports à saisir, des principes plus variés, plus d'appréciations diverses, selon le point de vue que l'on embrasse.

Cette étude fut longtemps négligée en France.

Pendant bien des siècles, et dans le temps même où de savants jurisconsultes portaient le flambeau de leur haute raison dans le dédale des lois destinées à régler les intérêts privés, on ne se préoccupait pas plus de cette matière que de toute la partie de la législation qui régit les rapports du commerce avec l'administration publique, vaste sujet qui, dans notre droit actuel, attend encore un traité digne de son importance, et que nous pensons bien pouvoir aborder assez prochainement.

Un légiste, qui cependant écrivait en 1769, l'auteur des *Réflexions sur les principes de justice,* excluait du plan général qu'il se traçait, les lois sur le commerce, telles que les règles sur l'exportation, l'importation, les ordonnances restrictives sur le commerce intérieur, et il expliquait cette élimination de la manière suivante : « Ces lois demandent de grandes vues pour le général, un génie vaste et élevé, une patience infatigable pour descendre dans les plus petits détails, du feu, de l'activité pour concevoir, de la modération, de la tranquillité pour choisir; il faut tout connaître, rien hasarder, avoir à un haut degré des qualités opposées. » Puis il ajoutait : « Ces objets sacrés sont réservés à ceux que la naissance ou le mérite fait participer à l'autorité » (1).

Autrefois, en effet, il n'y avait que les personnes portées au pouvoir *par leur mérite ou leur naissance* qui s'occupaient de ces matières.

Les considérations les plus importantes sur la législation des céréales, notamment, se trouvent seulement dans quelques préambules des ordonnances.

Toutefois, dans le XVIIe siècle, un jurisconsulte éminent, Domat, avait consacré un titre de son Traité de Droit public *aux moyens de faire abonder toutes choses dans un Etat, et aux règlements pour empêcher la cherté des choses les plus nécessaires* (2).

Mais Domat, dans tout ce titre, ne fait que résumer les préjugés de son époque, en laissant sa raison asservie aux textes du droit romain et à ceux des vieilles ordonnances.

On y trouve exposés les principes du système mercantile, dont il fait remonter l'origine à la loi 2 du Code Justinien, *De commerciis et mercatoribus* (3).

---

(1) P. 16 et 18. — (2) Tit. 7. — (3) Cette loi porte : « *Si ulterius aurum pro mancipiis, vel quibuscumque speciebus ad Barbaricum fuerit translatum a mercatoribus, non jam damnis, sed suppliciis subjugentur.* »

Domat cite ensuite comme mesures à prendre en cas de cherté celles qui étaient prescrites par les ordonnances, telles que la défense de vendre hors des marchés, les prohibitions d'exportation (1) ; puis il conseille l'établissement de greniers publics, en s'appuyant sur le texte de l'Ecriture relatif aux sept années de fertilité et de stérilité d'Egypte (2).

On ne rencontre aucune autre idée générale, aucune observation critique, aucune appréciation personnelle.

Les jurisconsultes, sauf de notables exceptions, se sont toujours plus préoccupés des difficultés d'interprétation, des pièges plus ou moins cachés dans la lettre, du *sic et non,* que de l'amélioration de la loi. C'est là, en effet, leur principale mission, et leur tâche est encore assez glorieuse et difficile.

C'est seulement au commencement du XVIIIe siècle que l'on voit divers penseurs se livrer à la recherche des vérités économiques, étudier les règles qui régissent les intérêts matériels de la société, et soumettre à une critique sévère plusieurs lois d'administration publique, parmi lesquelles se trouvaient les lois sur le commerce des grains.

Plus tard, les physiocrates combattirent avec la plus grande énergie le système de ces lois.

Enfin, les plus illustres propagateurs de la science économique et presque tous leurs disciples consacrèrent ensuite plusieurs pages à l'examen de ces graves questions.

Ce n'est pas seulement dans les traités généraux d'économie politique publiés en Angleterre, en Allemagne, en France, que l'on trouve des notions importantes sur cette matière ; il existe encore un grand nombre de monographies intéressantes, qui ont jeté une vive lumière sur plusieurs points autrefois obscurs ou ignorés.

Les faits ou les circonstances qui influent soit sur l'offre, soit sur la demande ; la loi particulière qui régit le prix du blé, les oscillations que le prix subit ; les difficultés, les dangers inséparables du commerce des grains ; la nature de ce

---

(1) *Loc. cit.*, sect. 4, art. 6 et 7. — (2) *Loc. cit.*, art. 11.

commerce, son importance, son utilité, sa situation dans les temps modernes; les causes de la cherté des grains; les progrès agricoles, industriels et commerciaux qui peuvent faire diminuer la fréquence des disettes ou leur intensité, et rendre moins variable le prix des céréales; les principales mesures à prendre dans les temps de cherté : tous ces points ont été tour à tour examinés.

Au milieu de toutes les lois, de toutes les recherches, de toutes les discussions anciennes et récentes, on distingue trois grands systèmes : 1° le système de la prohibition absolue; 2° celui de la liberté illimitée; 3° enfin un système qui, se plaçant entre les deux extrêmes, admet des modifications et des mesures administratives.

Parmi les raisons qui ont été exposées par les partisans des deux derniers systèmes, il en est qui sont bien susceptibles de faire impression : dans les deux camps on produit des arguments dont on ne peut méconnaître la valeur, et l'esprit hésite plus d'une fois en présence de raisonnements qui semblent lutter avec la même puissance.

C'est sans doute au sein de ces perplexités qu'un ministre de l'ancienne monarchie, partisan du troisième système, écrivait dans un célèbre traité sur la matière : « Partout la vérité semble fuir ou vouloir fatiguer celui qui la poursuit; elle semble surtout se refuser à toute notion simple et générale, en s'entourant d'exceptions, de réserves et de modifications, et c'est au milieu de ces variétés continuelles qu'il faut la chercher et la saisir » (1). Et ailleurs : « Ceux qui ont beaucoup médité sur ces objets hésiteraient de communiquer leurs réflexions, s'il n'était pas permis de le faire avec un sentiment de doute et de défiance » (2).

Il est un côté de la question qui, selon nous, n'a pas encore été sérieusement étudié en France : c'est le côté historique. A l'exception du volumineux Traité de la Police de Delamare,

---

(1) Necker, *Législation et Commerce des Grains*, p. 212, édit. Guillaumin.

(2) *Loc. cit.*, p. 356.

dont la seconde édition fut publiée en 1722, et qui, dans le deuxième tome, renferme de précieux matériaux exposés sans critique ou appréciés avec un optimisme exagéré, et d'un *Essai* assez superficiel de M. Chaillou-Desbarres, couronné en 1818 par la Société d'agriculture de la Marne, et édité en 1820, dans les autres écrits que nous avons parcourus nous n'avons rencontré sur l'histoire de la législation des céréales que de rares généralités (1).

Cette étude n'offre-t-elle donc aucun intérêt? Ne peut-on tirer des anciens monuments législatifs, des faits qui les ont précédés, accompagnés ou suivis, des modifications introduites dans la législation, depuis son origine jusqu'à l'époque actuelle, aucun enseignement utile? L'étude de l'histoire, qui, pour d'autres points de notre législation, a eu de si bons résultats, serait-elle ici stérile? Nous ne le pensons pas.

L'auteur du *Traité sur la législation et le commerce des grains* émettait à cet égard une opinion que nous ne pouvons pas partager : « Dans cette succession de lois absolues et contradictoires données depuis plusieurs siècles sur le commerce des blés, disait Necker, comment pourrait-on tirer de l'expérience des arguments certains? Chaque parti peut recueillir aisément des anecdotes convenables au système qu'il soutient, ou contraires, du moins, à celui qu'il attaque, puisque la grande liberté et la gêne absolue ont dû produire l'une et l'autre des abus et des inconvénients. Il est vrai qu'il est une manière de

(1) En 1818, la Société d'agriculture de la Marne avait mis au concours la question suivante : « Quels sont les meilleurs moyens de prévenir, avec les seules ressources de la France, la disette des blés et les trop grandes variations dans leurs prix? » Un ancien préfet, M. Chaillou-Desbarres, qui prit part à ce concours, consacra la plus grande partie de son Mémoire à résumer à grands traits plusieurs monuments de la législation.

— Il existe aussi, mais seulement pour la période de 1692 à 1789, une *Analyse historique de la Législation des Grains*, par Dupont de Nemours. Ce livre est très rare dans le commerce; nous n'avons pas pu nous le procurer.

— Enfin, M. de Molinari a fait l'historique du régime de l'échelle mobile, dans son travail intitulé : *Histoire du Tarif, — les Céréales*. Paris, Guillaumin, 1847.

présenter les faits qui les rend tous favorables à l'opinion qu'on a choisie » (1).

Ce passage était à l'adresse des partisans du principe de la liberté commerciale.

Nous ne voulons pas examiner ici si ce reproche est fondé. Nous nous bornons à dire que ce serait assurément une fort mauvaise manière de faire l'historique d'une législation que de recueillir des faits dans le but de les présenter dans un sens exclusivement favorable à un système ou à un *parti*. Le premier et le principal devoir de celui qui se livre à un travail de la nature de celui-ci, c'est l'exactitude, l'impartialité, la bonne foi.

Il vaudrait mille fois mieux, en traitant de la législation des céréales, imiter le savant auteur avec lequel nous sommes en dissentiment, c'est-à-dire omettre toute la partie historique du sujet (2), plutôt que de tronquer les faits.

Si, en suivant cette voie, un publiciste parvenait à faire triompher un système erroné, l'avenir pourrait bien lui reprocher de n'avoir produit qu'un *fantôme enfant de son imagination;* mais la critique, assurée de la pureté de ses intentions, n'aurait pas du moins pour sa mémoire de plus dures paroles.

Dénaturer les documents dans le but de faire prévaloir une opinion est un procédé réprouvé par la conscience de tout honnête homme, et la loyauté bien reconnue des anciens défenseurs du principe de la liberté commerciale, des physiocrates, fait naître en nous la conviction qu'ils n'en ont jamais fait usage.

Il est vrai que les faits prennent souvent la teinte du système ou des préjugés de celui qui les décrit : « Sans altérer même un trait historique, dit Rousseau, en étendant ou res-

---

(1) *Législation et Commerce des Grains*, 2e part., ch. 6, p. 292 et suiv.

(2) Le traité de Necker ne contient sur ce point qu'un chapitre très court, le chapitre 8e de la 3e partie, dans lequel on lit seulement quelques lignes sur les institutions renouvelées par la loi de 1770.

serrant des circonstances qui s'y rapportent, que de faces différentes on peut lui donner ! Mettez un même objet à divers points de vue, à peine paraîtra-t-il le même, et pourtant rien n'aura changé que l'œil du spectateur. Suffit-il, pour l'honneur de la vérité, de me dire un fait véritable, en me le faisant voir tout autrement qu'il n'est arrivé » (1) ?

C'est là une faute contre laquelle on doit se tenir en garde, et que plusieurs historiens n'ont pas toujours su éviter.

Quoi qu'il en puisse être, il nous semble que l'on peut se livrer à une étude plus sérieuse, plus féconde que celle dont parle l'auteur du *Traité sur la législation et le commerce des grains*. Au lieu de recueillir quelques *anecdotes* sur les temps anciens, il est permis de rechercher les principes économiques qui, aux diverses époques, ont pu présider à la rédaction des monuments législatifs sur la circulation, le commerce intérieur et extérieur des céréales, dans les années ordinaires, et aux mesures d'administration prises dans les moments de disette ou de cherté (2). On peut étudier les faits politiques et sociaux, ceux du domaine de la pensée, qui ont eu de l'influence sur la législation ; examiner, avec les secours que les progrès de la science ont mis à notre disposition, les idées des anciens législateurs ; rechercher les causes, apprécier les résultats, sans parti pris d'avance, et dans le seul but de découvrir la vérité.

Sans doute, il y a plusieurs règles, plusieurs mesures, plusieurs détails dont le tradition ne nous est point parvenue ; sans doute encore, cette matière tient à de grands principes dont les conséquences sont multipliées et souvent assez difficiles à saisir ; mais il est un ensemble de faits, de rapports, de dispositions que l'esprit peut coordonner et juger.

Les textes qui nous ont été transmis sont, d'ailleurs, assez

(1) *Pensées*, t. 2, p. 73, édit. Londres.

(2) Ce point de vue est indiqué dans le programme que l'Académie de législation de Toulouse a publié sur le sujet qu'elle a mis au concours pour l'année 1859.

nombreux; les lois se succèdent même pendant des siècles avec une telle uniformité dans leurs dispositions principales, qu'il est bien facile de saisir la pensée fondamentale qui les a dictées. La lecture attentive du préambule des anciens édits la révèle suffisamment.

En somme, on peut aussi bien dans cette matière que dans plusieurs autres qui sont aujourd'hui parfaitement élucidées, suivre la filière des institutions, constater les modifications qu'elles ont subies par suite d'exigences nouvelles nées de rapports nouveaux ou mieux appréciés, et reconnaître l'influence du passé sur le présent : « Toujours dans le droit, comme dans la vie, on sent que le présent a ses racines dans le passé. La vie de l'individu tient à celle de ses aïeux par mille liens invisibles, et néanmoins elle a un caractère et une essence propres. Il en est de même du droit de chaque peuple et de chaque siècle. Il n'y a pas de principe général qui n'y prenne une forme particulière, et on distingue aisément en toute législation humaine l'action des idées et l'influence du passé » (1).

Ces paroles sont aussi vraies pour la législation des céréales que pour toute autre partie de notre droit moderne. Dans cette législation, le progrès s'est opéré lentement. L'ère de l'empirisme et de la routine a précédé longtemps celle de la science et de la raison. Plus d'une fois même, sous l'influence de l'ignorance, de l'intérêt bien ou mal entendu, la législation a visiblement rétrogradé au lieu de se perfectionner. Mais, en définitive, nous découvrirons d'assez nombreuses améliorations, et il sera peut-être possible, après avoir expliqué le sens dans lequel tous ces divers amendements ont eu lieu, après avoir reconnu la tendance de la législation et exposé les progrès de la science, de formuler une conclusion exacte et irréprochable.

Les six chapitres suivants seront consacrés à cette étude :

Les deux premiers feront connaître les règles qui ont régi

(1) M. Laboulaye, *Revue historique*, t. 1er, p. 3.

la circulation, le commerce intérieur et extérieur des céréales sous l'ancienne monarchie jusqu'à la deuxième partie du XVIIIe siècle;

Dans le troisième, nous parlerons de la législation de cette dernière époque;

Le quatrième traitera des lois rendues pendant le XIXe siècle;

Le cinquième renfermera des observations sur la législation actuellement en vigueur;

Enfin, nous rechercherons et nous apprécierons, dans le sixième, plusieurs mesures d'administration qui ont été prises, à diverses époques, soit avant, soit pendant les temps de disette ou de cherté extraordinaire.

Chacun de ces chapitres sera subdivisé en autant de sections que le nécessitera l'importance ou la diversité des monuments et des faits que nous aurons à étudier.

Ce cadre est celui qui nous a paru le plus convenable pour faciliter l'explication et l'intelligence des phases les plus remarquables de la législation, de ses vicissitudes, de ses modifications successives.

Nous donnerons ensuite notre conclusion.

CHAPITRE PREMIER

De la circulation et du commerce intérieur des céréales avant la seconde moitié du XVIIIe siècle.

Ce chapitre sera divisé en deux sections : dans la première, nous parlerons des lois du moyen âge ; dans la seconde, de la législation qui a régi la circulation et le commerce intérieur des céréales pendant les XVIe et XVIIe siècles et la première partie du XVIIIe.

SECTION Ire. — *Lois du moyen âge.*

La législation du moyen âge doit être le point de départ de cette étude, car on rencontre dans cette législation l'origine de plusieurs institutions qui se sont perpétuées dans les siècles suivants, et sur l'utilité desquelles les opinions sont encore aujourd'hui partagées.

Nous n'avons pas cru devoir nous arrêter à l'époque antérieure à Charlemagne ni au règne de ce monarque, dont les lois ne renferment sur notre sujet que de rares dispositions qui trouveront leur place ailleurs, et dont quelques-unes sont empreintes des idées les plus superstitieuses (1).

Nous dirons seulement ici que sous Charlemagne la circulation était déjà entravée par plusieurs péages établis sur les grands chemins et à l'abord de certaines routes.

Nous mentionnerons aussi l'édit de 806, qui défendait l'achat des grains et des vins, au moment de la récolte, et dans le but de faire un gain que cet édit déclarait illégitime (2).

---

(1) Dans un de ses Capitulaires, Charlemagne attribue la cherté de 794 à des esprits malfaisants qui avaient dévoré les récoltes, *annonas a dæmonibus devoratas* ; et il recommande, comme remède à ce mal, l'accomplissement du devoir de payer la dîme. (*Capit. Reg. franc.*, Baluze, I, 267.)

(2) Quicumque enim tempore messis, vel vindemiæ, non necessitate, sed

Lorsque la grande organisation de Charlemagne a disparu pour faire place à des associations turbulentes et faibles; lorsqu'on ne voit plus que des guerres, des dévastations produisant l'abandon des cultures, l'anéantissement du commerce, la famine, il faut parcourir plusieurs siècles avant de rencontrer sur notre matière quelque monument digne de fixer l'attention.

Depuis la fin du Xe siècle (987) jusqu'à la fin du règne de Louis-le-Gros, aucune relation commerciale ne pouvait, pour ainsi dire, avoir lieu entre les provinces, qui étaient sous une domination particulière, le plus souvent hostile à la royauté.

Au commencement de ce règne, c'était à peine si les quelques villes dont se composait au fond le domaine royal pouvaient correspondre entre elles : les voyageurs et les messagers du roi eux-mêmes étaient plus d'une fois arrêtés ou rançonnés, lorsque, sur la route, se trouvait quelque château féodal.

D'un autre côté, les rapports commerciaux entre les provinces restées fidèles à la couronne étaient peu nombreux et fort restreints.

Cependant, à partir du règne de Philippe-Auguste (1180) la puissance territoriale de la royauté se développe, et le commerce de Paris, notamment, reprend quelque activité. L'agrandisement de cette ville est tel que les provinces voisines ne peuvent plus fournir tous les grains nécessaires à son approvisionnement (1).

C'est seulement dans la législation du XIIIe siècle et des deux siècles suivants que l'on trouve les monuments les plus importants, et encore tous les actes législatifs de ces temps, presque tous ceux qui précèdent la seconde moitié du XVIe siècle, ne renferment le plus souvent que des règles décrétées à des

---

propter cupiditatem, comparat annonam vel vinum, verbi gratia de duobus denariis comparat modium unum et servat usque dum iterum venundari possit contra denarios quatuor aut sex, hoc turpe lucrum dicimus. (*Capit. Reg. franc.*, I, 454.)

(1) Delamare, *Traité de la Police*, liv. 5, tit. 5, ch. 1er, p. 56.

intervalles plus ou moins rapprochés, nées des circonstances, et la plupart applicables à la ville de Paris.

Néanmoins il est bon de faire observer que presque toutes les anciennes ordonnances sur la police des vivres étaient, en général, suivies dans les autres villes (1).

Au moyen âge, la circulation était souvent entravée par les magistrats eux-mêmes. Les moyens de transport étaient, d'ailleurs, très imparfaits, les routes plus d'une fois interceptées.

On comprend, dès lors, combien était grande la difficulté de mettre l'offre et la demande en présence.

Il arrivait souvent que peu de temps avant la moisson on éprouvait dans les années ordinaires une véritable disette.

La division du travail n'étant guère développée, ce que l'on produisait pour le marché n'était pas considérable ; aussi les écarts dans les prix étaient-ils énormes. Selon Herbert, le setier de froment valait 30 livres 9 sous en 1361, tandis qu'il était de 4 livres en 1356 (2). Or, ces écarts dans une denrée de première nécessité étaient extrêmement nuisibles, tantôt au producteur, tantôt au consommateur.

Toute personne pouvait être *blatier* (3) et se livrer, à Paris, au commerce des grains, en payant certains droits. « Quiconque veut estre blatier, c'est à sçavoir vendeur de bled et de toutes autres manières de bons grains, à Paris, estre le peut franchement par payant le tonlieu et la droiture que chacun des grains doit. » Telle est la disposition de l'un des statuts

(1) Plusieurs ordonnances portent même formellement que les autres villes doivent être régies par les dispositions édictées pour Paris, ou du moins s'y conformer autant que possible.—Voy. notamment lettres-patentes de Charles V, du 25 septembre 1372.

(2) *Essai sur la police générale des Grains.*

(3) On appelait autrefois *blatiers* tous les marchands de blé. Ils furent, sous le règne de saint Louis, érigés à Paris en communauté, et ils reçurent des statuts comme les autres corps de marchands. Plus tard ce nom s'appliqua à certains petits marchands forains vendant à la petite mesure, et transportant avec des chevaux ou des ânes les blés qu'ils livraient aux commerçants pour l'approvisionnement des grandes villes. (Delamare, liv. 5, tit. 6.)

donnés par le prévôt de Paris, Etienne Boileau, sous le règne de saint Louis.

Mais la liberté accordée pour l'exercice de cette profession était assez stérile sous l'empire d'une législation qui paralysait toutes les transactions.

Presque toutes les lois sur les céréales rendues pendant le moyen âge, qui nous sont parvenues, semblent dictées par la nécessité de remédier aux maux de la disette ou de la cherté; presque toutes ont pour but, dans l'intention des législateurs, soit de faire baisser les prix, soit d'augmenter l'offre.

On oblige les détenteurs des denrées à vendre ce qui excède la quantité nécessaire à la nourriture de leur famille (1);

On défend d'acheter pour revendre (2);

---

(1) Les Etablissements de saint Louis (chap. 49) permettaient aux seigneurs de contraindre les habitants de leurs terres à ne conserver que les denrées nécessaires à la subsistance de leur famille pour l'année, et à vendre le surplus au prix courant du marché, « car trop mieux vaut que l'on secoure au quemun pourfit, que à la volenté de chaux qui vuelent le tans enchiérir. »

Une ordonnance de Philippe-le-Bel, du mois de février 1304, dans le but de rassurer le public, de prévenir ses craintes et les accaparements, ordonne au prévôt de Paris d'envoyer dans toutes les villes et dans les villages de la vicomté de Paris, pour faire la statistique des approvisionnements de grains, connaître la quantité nécessaire pour la subsistance des habitants jusqu'à la récolte et pour semer. La même ordonnance prescrit ensuite de faire porter aux marchés l'excédant, *non pas tout ensemble, mais petit à petit.* — Voy. aussi l'ordonnance du prévôt de Paris du 10 juin 1391.

(2) Les lettres patentes de l'an 1305 portent : « Que nul n'achète bled ni grain autre pour le revendre le jour du même marché. »

Une ordonnance, rappelée dans l'arrêt du Parlement de 1306, défendait à tous marchands de grains, sous peine de saisie de corps et de biens, d'acheter d'autres marchands pour revendre : « *Cum fuisset proclamatum publice per villam parisiensem ex parte nostra tempore retroacto propter caristiam bladi et alterius grani in dicta villa existentem sub pœna amissionis averi et corporis, ne mercator bladum vel aliud granum emere ultra suam necessitatem ab alio mercatore.* »

Enfin l'ordonnance du 19 septembre 1439 défendait à tous les blatiers, regratiers et vendeurs de farines d'acheter eux-mêmes, ou à l'aide de prête-noms, des grains à Paris, soit pour les revendre ou les convertir en farines destinées à être revendues, sous peine de confiscation de ces denrées et d'amende arbitraire.

On défend de vendre dans d'autres lieux que les marchés (1) : disposition souvent renouvelée dans les siècles suivants, et dont on retrouve la trace dans notre législation moderne;

On limite la quantité que l'on peut acheter; le prix (2), le temps, les lieux de la vente (3);

---

(1) Les lettres patentes de 1305 portent : « *Item* nous commandons et ordonnons que toutes denrées soient vendues et amenées en plein marché, et deffendons estroitement que nul ne soit si hardy qu'il achète ni vende denrées, vivres ni vituailles ailleurs qu'en plein marché. » — Voy. aussi ord. du prévôt de Paris du 20 avril 1393, et ord. de juillet 1482.

(2) L'ordonnance précitée de juillet 1482 défendait sous peine de confiscation et d'amende arbitraire d'acheter du blé au-delà de ce qui était nécessaire pour la provision de la famille.

— Les lettres patentes de 1305 portent : « *Item* nous voulons et ordonnons que de toutes denrées venant à Paris, puisqu'elles seront affoirées (*mises sur le marché*), tout le commun en puisse avoir, au prix, comme les grossiers (*marchands en gros*) les achèteront. »

(3) Selon l'ordonnance de février 1415, les marchands étaient obligés de vendre leurs grains et farines au prix du troisième marché, quand même il était inférieur au prix des marchés précédents. — Voy. aussi ord. du prévôt de Paris du 27 mai 1473.

— Dans le règlement général sur la police de Paris, publié le 30 janvier 1350, après la terrible famine de 1338, suivie de dix années de cherté environ, il existe une disposition qui défend aux personnes qui ont amené des grains ou farines sur le marché, de les conduire le même jour dans un autre pour les vendre, sous peine de confiscation de la marchandise. — Voy. aussi ord. précitée de février 1415.

Une ordonnance du prévôt de Paris, du 20 avril 1393, défend à tous marchands forains qui auront amené des vivres et denrées quelconques, et qui se trouveront dans un rayon de quatre lieues autour de Paris, de les conduire dans d'autres villes, sous peine de confiscation et d'amende volontaire; elle défend aussi, sous les mêmes peines, aux marchands d'aller dans la même circonscription à la rencontre des vivres et denrées pour les acheter. Parmi les motifs énoncés dans cette ordonnance on lit : « Et si ont esté et sont en ce les hallages, tonlieu, coutume et autres droits de l'ancien domaine du roi, nostre dit seigneur, et les impositions et autres choses ordonnées pour le fait de la guerre du royaume, recelez et péris, au préjudice et dommage dudit seigneur, de ses fermiers et de son peuple. » C'était, on le voit, avant tout, une pensée fiscale qui dictait ces règlements.

Enfin une autre ordonnance du 3 mars 1396 enjoint à tous les marchands qui ont chargé sur les rivières des denrées et vivres à destination de Paris, de les y amener dans le plus bref délai, sous peine de confiscation.

On détermine les heures auxquelles certaines catégories de personnes peuvent acheter (1) : — autre disposition que notre jurisprudence a conservée;

Enfin on défend, sous peine de confiscation, de conserver les grains en grenier ou en magasin (2).

Telles sont, en résumé, avec les ordonnances de *maximum*, les prohibitions d'exportation, celles qui sont relatives aux brasseries, et dont nous parlerons ailleurs, les principales lois du moyen âge qui nous ont été transmises (3).

Toutes ces dispositions ne produisaient-elles pas évidemment un résultat contraire à celui que les législateurs se proposaient? Est-ce que toutes ces lois n'étaient pas autant de gênes imposées aux transactions, autant d'obstacles à la mise en présence de l'offre et de la demande, à l'essor de tout commerce?

Il y avait deux autres institutions qui gênaient singulièrement aussi les relations commerciales : nous voulons parler de l'institution des *jurés-mesureurs* et des *porteurs*.

Les offices de jurés-mesureurs et les droits qui y étaient attachés appartenaient primitivement aux rois, et ils les conservèrent dans la plupart de leurs domaines. Dans plusieurs autres lieux, ces offices et ces droits étaient la propriété des seigneurs ou des villes, d'après les concessions ou aliénations qui en avaient été faites à différentes époques (4).

---

(1) L'ordonnance du prévôt de Paris du 10 juin 1391 porte : « Que nuls marchands en détail ou revendeurs ne soient tant osez ni si hardys d'acheter en plein marché ou en greniers aucuns grains ou farines.... et jusqu'à ce que les bonnes gens qui seront au marché, qui en auront affaire pour leur vivre ou nécessité en auront pris et acheté ce qui leur en faudra, et jusqu'à ce que heure de midy soit passée. »

L'ordonnance de 1415 fixe l'heure à laquelle il sera permis aux revendeurs, hôteliers, boulangers et meuniers d'acheter dans les marchés (ch. 1, art. 18).

(2) Voy. ord. de février 1415 précitée.

(3) L'ordonnance du prévôt de Paris du 10 juin 1391 résume à peu près toutes les règles ci-dessus. On la trouvera à l'Appendice, lettre (*a*).

(4) Voy. ord. de saint Louis de 1258; ord. du 30 janvier 1350, chap. des jurés-mesureurs, art. 1 à 10, 13 et 14; ord. de février 1415. (Delamare, liv. 5, tit. 8, ch. 5, t. 2, p. 3 et suiv.)

Les droits perçus par ces mesureurs, sous les noms de *mesurage, minage, roulage,* se payaient soit en argent, soit en nature, selon les localités.

Il existait pour ces droits de très grandes inégalités entre les diverses provinces. Ainsi, tandis que dans certaines contrées le minage d'un muid, payé en argent, ne coûtait que 12 ou 15 sous pendant les années de cherté, il s'élevait jusqu'à 18 et 20 livres dans d'autres, où il se percevait en nature (1).

Cette inégalité faisait déserter les marchés dans lesquels ces droits exorbitants (2) étaient imposés; et, d'ailleurs, ils contribuaient évidemment à augmenter le prix des denrées.

Les porteurs de grains avaient le monopole du déchargement et du transport des grains des bateaux ou des voitures sur les ports, dans les marchés ou dans les greniers publics (3).

Outre les frais qui en résultaient, ce monopole engendrait des abus nombreux et des exactions commises soit par les titulaires, soit surtout par les personnes qu'ils se substituaient sous le nom de *plumets* (4).

Enfin, l'institution des moulins banaux et le droit de défendre la *chasse* ou la *queste* des blés (5), qui a pris naissance en même temps (6), étaient une autre cause de cherté, une

(1) Delamare, liv. 5, tit. 8, ch. 6, p. 121.

(2) Dans la ville de Provins le droit de minage était de cinq pintes pour un setier, c'est-à-dire environ la trente-deuxième partie de la marchandise vendue. (Delamare, *loc. cit.*, p. 124.)

(3) Lettres patentes du 20 juillet 1410 ; ord. de février 1415.

(4) Delamare, *loc. cit.*, p. 132.

(5) On entendait par là le droit que les seigneurs avaient de défendre aux meuniers de venir chercher, sur les terres ayant droit de banalité, les grains que les habitants désiraient faire moudre. — Voy. sur ce droit Cout. Montdidier, Péronne et Roye, art. 14 et 16; Maizières, art. 5 et 6; Chopin, *in Consuet. andegav.*, lib. 1, cap. 14, n° 2, et cap. 15, n° 5.

(6) L'origine de la banalité, selon les auteurs qui ont écrit sur le droit coutumier, daterait de la fin du Xe siècle ou du commencement du XIe. — Voy. Charondas sur l'art. 72 Cout. de Paris.

entrave de plus à la circulation, et une source d'abus, de désordres et de prévarications.

Il ne faudrait cependant pas attribuer à la législation seule du moyen âge sur les subsistances tous les désastres que l'histoire mentionne : les guerres intestines et extérieures, l'envahissement du pays par l'étranger, la dévastation des campagnes, les brigandages, tous ces fléaux qui se succédaient quelquefois sans interruption pendant un siècle, paralysaient la production et arrêtaient le jeu naturel des ressorts du commerce.

En outre, l'altération et la variation des monnaies, les excès de l'usure, contribuaient nécessairement à maintenir la cherté relative des subsistances. L'annonce d'une réduction future de valeur numéraire faisait resserrer les denrées de première nécessité; c'est ainsi qu'après le mandement du 22 août 1343, le préambule de l'ordonnance du 26 octobre suivant portait : « Depuis ce, par la grand clameur de nostre pueple, soit venu à notre cognoissance que pluseurs gros marcheanz et autres qui sont garniz de blez et vivres et d'autres marchandises, recellent leurs diz blez et vivres, et ne les veulent exposer à vendre au *fuer* de la monnoye courant à présent, en attendant que nos dites monnoyes fussent venues à leur droit cours et abaissiées. »

Les prix des subsistances augmentaient bientôt dans la proportion de l'affaiblissement des espèces monnayées ; les gouvernants eux-mêmes le reconnaissaient : « Sommes plainement enformez, porte l'ordonnance du 25 novembre 1356, que toutes manières de vivres... sont si chères que bonnement ne peult souffire que les gens ayent à faire leur labourage et querre leur nécessitez. » — Cette augmentation résultait de la force même des choses.

Malgré l'exactitude de ces observations, il n'en est pas moins vrai que la législation du moyen âge sur les grains, par ses mesures coercitives, ses prohibitions rigoureuses, ses peines excessives, produisait elle-même la plus grande partie des maux que les législateurs voulaient prévenir.

SECTION II. — *Législation du XVIe siècle, du XVIIe et de la première moitié du XVIIIe.*

Pendant la période que nous allons parcourir sous cette section, le principe de la libre circulation des grains à l'intérieur s'affermit de plus en plus, malgré de nombreuses résistances.

François Ier édicta les dispositions les plus favorables à ce principe, en dispensant les particuliers et en leur défendant même, sous des peines assez graves, de prendre des congés ou permissions des gouverneurs, baillis ou sénéchaux, qui prétendaient toujours en accorder par faveur et moyennant finances. Les menaces que renferme l'ordonnance du 20 juin 1539 témoignent assez de la difficulté que le roi éprouvait pour faire cesser ces abus.

Presque tous les édits des règnes suivants décrétaient le même principe et renouvelaient aux officiers et gouverneurs la défense de troubler la libre circulation des grains (1).

Néanmoins, après avoir proclamé cette règle salutaire, Henri III y portait la plus grave atteinte, en imposant, sous le nom de *traite domaniale,* un droit à percevoir, concurremment avec celui de foraine, rêve et haut passage, sur les grains... transportés hors du royaume et dans les provinces non sujettes aux aides, *par terre* (2).

Henri IV et Sully firent tous leurs efforts pour maintenir la libre communication entre les provinces. Henri IV s'éleva avec force contre la défense que le Parlement de Toulouse avait faite, sans sa permission, relativement à la sortie des blés du Languedoc.

Un juge de Saumur, qui avait fait une semblable défense,

---

(1) Voy. édits du 4 février 1567; 27 novembre 1577; — lettres patentes du 30 septembre 1631.

(2) Edit de février 1577. — Saulnier, *Recherches historiques sur le Droit de Douane.* p. 91.

fut menacé de punition exemplaire : « Si chaque officier en faisait autant, disait Sully dans une lettre à Henri IV, votre peuple serait bientôt sans argent, et, par conséquent, Votre Majesté » (1).

Toutefois, en 1614, sous le règne de Louis XIII, le transport des grains dans plusieurs contrées était encore soumis à des droits exorbitants. Les cahiers du tiers-état portaient : « Bien que les droits de la traite foraine ne doivent être levés que sur les marchandises qui sortent du royaume pour être portées à l'étranger, ce qui est clairement établi par la signification du mot *foraine*, néanmoins, *ces dits droits sont levés sur ce qui va de certaines provinces de votre royaume à autres de icelui, tout ainsi que si c'était en pays étrangers*......................
Encore que ce droit domanial ne se doive prendre par les dits établissements d'icelle que sur les bleds..... qui seront transportés de votre royaume à l'étranger, vos fermiers des dits droits, sous prétexte que leurs commis et bureaux ne sont établis en aucunes provinces et villes, ou qu'elles sont exemptes du dit droit, font payer pour marchandises qui y sont transportées comme si directement elles étaient portées à l'étranger ; pour à quoi remédier, que deffenses soient faites d'exiger les dits droits sur ces bleds..... qui seront actuellement transportés dans votre royaume, pour la provision d'aucunes provinces, sous quelque prétexte que ce soit, à peine de concussion » (2). — Ces vœux furent inutiles.

Cependant une réforme fut plus tard opérée par le célèbre tarif des *cinq grosses fermes*, du 18 septembre 1664, qui avait pour but de faire disparaître les barrières qui séparaient les provinces, et de faire cesser la bigarrure des innombrables droits qui se percevaient sur les denrées et marchandises.

Les douze provinces qui acceptèrent le tarif n'étaient assujetties à aucun droit de sortie pour les transports de grains

(1) Forbonnais, *Recherches sur les Finances*, t. 1er, p. 68.
(2) Forbonnais, *loc. cit.*, p. 144.

qu'elles effectuaient entre elles (1). Mais les *provinces étrangères*, c'est-à-dire celles qui n'avaient pas voulu adhérer au nouveau système de douanes, ou les provinces *traitées comme pays étrangers* à raison de la franchise de leur port, furent toujours soumises à des droits

Enfin, le transport des grains entre provinces était encore grevé d'une foule d'autres droits perçus par les villes, les communautés, les pays d'Etat, les seigneurs et les particuliers. C'est seulement dans les années de disette ou de cherté extraordinaire que les arrêts du Conseil en suspendaient la perception (2).

Pendant la première moitié du XVIe siècle environ, la législation sur le commerce intérieur des céréales resta ce qu'elle était auparavant (3).

Quelques ordonnances de François Ier reposent cependant sur le principe de la liberté ; c'est ainsi que l'ordonnance du 3 février 1535 permettait la vente et l'achat hors des marchés, en invoquant le motif suivant, qui mérite d'être remarqué : « Désirans par ce les (les sujets) relever de la perte, dépens et labeur qu'ils ont de porter et rapporter leurs bleds ès dits marchez. » — Les économistes modernes ne raisonnent ni mieux ni autrement (4).

---

(1) Voy. arrêt du 20 novembre 1703. (Delamare, t. 2, p. 292.)

(2) Voy. arrêts 22 septembre, 12 et 22 décembre 1693 ; 2 janvier, 23 mars, 29 juin 1694.

(3) Des lettres patentes de François Ier, du 28 octobre 1531, défendirent de vendre ou d'acheter ailleurs que dans les marchés, et obligèrent les marchands et les personnes qui faisaient des approvisionnements, à n'acheter qu'après les autres. — Sous le règne du même roi, une ordonnance de police du Châtelet, du 23 novembre 1546, défendait aux pâtissiers, meuniers et boulangers de la ville et des faubourgs de Paris d'aller à la rencontre des voitures qui amenaient des grains dans cette ville, fixait l'heure à laquelle il leur était permis d'entrer au marché, et interdisait le commerce des regrattiers.

(4) « Considérez, dit Schmalz, la position d'un paysan qui, pour pouvoir vendre les productions de sa ferme ou de son champ, se voit dans la nécessité de les charrier lui-même à la ville, ou de les y faire transporter sur des hottes par les différents membres de sa famille. Il ne peut pas même choisir le jour qui lui conviendrait le mieux ; il faut qu'il attende

Cependant cette disposition semblait frapper d'étonnement le savant Delamare : « Cette ordonnance, dit-il, qui est contraire aux anciens règlements, est unique ; il ne s'en trouve point de semblables dans nos livres ni dans nos registres publics » (1).

Si on rapproche cette ordonnance de celle qui permit la libre exportation et que nous rapporterons plus loin, si on se rappelle aussi avec quelle énergie François Ier chercha à faire triompher le principe de la libre circulation, on est tenté de penser que le principe de la liberté commerciale aurait fait plus de progrès sous ce règne assez fécond en améliorations et en conquêtes administratives, si la rigueur des saisons, le manque de récoltes pendant plusieurs années, le besoin de nourrir de grosses armées, et la cherté des vivres, qui en était la conséquence, n'avaient pas conduit François Ier à sacrifier aux anciens préjugés et à considérer les prohibitions comme le remède le plus efficace. Ses largesses ou ses prodigalités l'obligèrent aussi, on le sait, à plus d'une mesure fiscale.

La disette de 1567 avait éveillé l'attention du gouvernement. Le conseil de Charles IX, placé sous l'influence du chancelier de l'Hôpital, se livra alors à l'examen de toutes les lois précédemment rendues sur le commerce intérieur et extérieur des céréales, et inséra dans le célèbre règlement du 4 février 1567 de nombreuses dispositions sur cette matière.

---

celui du marché. Dès la veille il se prépare pour sa course, car il doit arriver de fort bonne heure au marché ; il met en ordre ses denrées, et part de son village en chariot ou à pied. Il voyage toute la nuit, arrive de grand matin à la ville, y reste jusqu'au milieu du jour, et même plus tard pour effectuer sa vente, repart, et rentre chez lui le soir excédé de fatigue. Voilà deux jours entiers de perdus pour l'économie rurale, qui ne permettrait pas un seul moment de relâche, et qui réclame à tout instant l'exécution d'un travail utile. » (*Economie polit.*, trad. par Henri Jouffroy, t. 2, p. 73.) — Ne dirait-on pas que ce passage du traité de Schmalz est la paraphrase du préambule de l'ordonnance de 1535?

Toutefois, cette ordonnance fut abrogée par celle du 6 novembre 1544, qui renouvela la défense de vendre ailleurs qu'au marché, et défendit à toute personne d'acheter avant que le *menu peuple* fût pourvu.

(1) T. 2, liv. 5, tit. 14, ch. 18, p. 420.

Les troubles qui survinrent ensuite ne permirent pas que ce règlement reçût toute son exécution.

Il fut renouvelé le 27 novembre 1577, sous Henri III, avec quelques légères modifications relatives à l'exportation, dont nous n'avons pas à parler sous cette section.

Selon ces règlements, ceux qui voulaient faire le commerce des grains étaient tenus d'en obtenir la permission des officiers du roi, de prêter devant eux le serment *de bien et fidèlement se conduire et de garder les ordonnances;* de faire enregistrer aux greffes leurs noms, prénoms, demeure, et la permission qu'ils avaient obtenue, sous menace de punition extraordinaire, de confiscation des denrées et de 200 livres parisis d'amende.

Les laboureurs, les personnes nobles, les officiers du roi, les principaux officiers des villes ne pouvaient obtenir de permission.

Ceux auxquels des licences étaient accordées étaient soumis à l'obligation de conduire des grains aux marchés publics de la ville de leur résidence une fois par mois au moins, et d'en avoir toujours dans cette ville une quantité suffisante pour l'accomplissement de cette obligation.

Ils devaient aussi faire la déclaration des lieux où ils s'approvisionnaient, sous peine de voir retirer leur licence et de 100 livres d'amende.

Défense leur était faite d'acheter des grains dans la circonscription de deux lieues de leur résidence, et de huit lieues s'ils habitaient Paris; d'aller à la rencontre des voitures qui conduisaient des blés dans les villes, sous peine de confiscation et d'amende; d'acheter des grains en vert ou de les arrher avant la cueillette, sous peine d'amende et même de punition corporelle.

Les marchands forains étaient tenus de conduire et de vendre eux-mêmes, ou par personnes de leur famille, leur marchandise, dans les halles et marchés. Il leur était défendu de la mettre en grenier sans la permission expresse des officiers de police.

Il était défendu de vendre ailleurs que dans les marchés pendant les années de cherté, et dans les temps ordinaires la vente ne devait avoir lieu dans les greniers qu'au cours du dernier marché; le tout sous peine de confiscation et d'amende.

Défense était encore faite de vendre à un prix plus élevé que celui qui avait été demandé au commencement du marché, et on imposait l'obligation de vendre au second marché, sinon le détenteur de la marchandise était tenu de la vendre le troisième au rabais.

La quantité que les boulangers et pâtissiers pouvaient acheter à chaque marché était fixée.

Les fermiers ne pouvaient, sans encourir la confiscation et l'amende, conserver les grains plus de deux ans, si ce n'est pour leur provision.

Les officiers de police avaient le droit de se faire ouvrir les greniers en tout temps.

Enfin, d'après une disposition spéciale sur laquelle nous aurons à revenir, il était enjoint aux communautés des villes d'établir des greniers publics devant contenir des grains en quantité suffisante pour nourrir, en cas de nécessité, les habitants pendant trois mois au moins.

Telles étaient, sur le commerce intérieur, les dispositions les plus importantes des deux règlements précités.

Cette législation ne renfermait pas des prohibitions moins rigoureuses que la législation du moyen âge, dont elle reproduisait plusieurs règles. Elle apportait au moins autant d'obstacles au libre développement du commerce.

L'obligation imposée aux commerçants de faire enregistrer leurs noms devait seule suffire pour écarter de ce genre d'industrie tout homme honorable et possédant une certaine fortune. Il en était de même des autres déclarations exigées par ces règlements.

Comment un commerce régulier pouvait-il s'établir avec l'obligation de vendre les denrées au cours du dernier marché ou avant le troisième, de conduire des grains chaque mois aux halles publiques?

Le gain est le but que se propose le commerçant : en le limitant dans le prix de ses ventes, en assignant un jour à ses spéculations, on l'entravait, on le détournait d'une profession que la loi, d'ailleurs, tenait pour ainsi dire en état de suspicion, et qui, par suite, était flétrie dans l'opinion publique.

Et puis, est-ce que la plupart des règles que nous avons rappelées n'étaient pas injustes, contradictoires?

La disposition qui défendait aux fermiers de conserver leurs grains plus de deux années n'était-elle pas une véritable atteinte au droit de propriété, et une atteinte qui n'était pas même justifiée par la nécessité, puisqu'il pouvait arriver que les grains fussent à bas prix?

La défense de demander, dans le cours du marché, un prix plus élevé qu'au commencement n'engageait-elle pas le marchand à porter tout d'abord sa marchandise au prix le plus haut? Etait-ce donc un bon moyen pour empêcher les prix de s'élever?

Enfin, en même temps que la loi augmentait l'offre par la défense de conserver les grains pendant plus de deux ans, est-ce qu'elle ne diminuait pas la demande en défendant aux marchands forains d'en faire des magasins?

Le règlement de 1577 n'était que la reproduction de l'édit de 1567, et ce dernier règlement, on se le rappelle, avait été publié sous l'impression produite par la disette. Il ne faut donc pas s'étonner si presque toutes les dispositions qu'il renferme consacrent la plupart des règles qui, selon les idées des législateurs de l'époque, étaient le plus propres à empêcher le haut prix des grains.

Néanmoins cette législation rigoureuse, peu rationnelle, subsista pendant plus d'un siècle.

Elle fut conservée sous le règne de Henri IV, dont cependant le grand ministre, l'austère Sully, favorisait, du moins d'après ce qu'on lit dans ses Mémoires, ouvertement le commerce des grains, et citait, dans l'exposé de ses doctrines au roi, *les monopoles, principalement sur le bled, le négligement du commerce..., comme l'une des causes de la ruine et de l'affaiblissement des monarchies.*

Mais les monuments législatifs de ce règne eurent plutôt pour but de favoriser la production agricole que le commerce des céréales.

Sous le règne de Louis XIII, des édits, des ordonnances de police, quelques arrêts se bornèrent à renouveler les dispositions des règlements de 1567 et 1577 (1), en y ajoutant parfois des peines terribles (2).

Enfin, plus tard, danss un siècle illustré par les plus grands génies, par les travaux les plus utiles, dans un siècle où

---

(1) L'art. 422 de l'édit de janvier 1629 rappela de nouveau l'obligation imposée aux marchands de grains de faire enregistrer leurs noms et demeure, les lieux de leurs magasins, qu'ils devaient tenir en tout temps bien approvisionnés, et leur enjoignit de porter leurs grains aux marchés publics une fois par mois au moins.

L'ordonnance de police du lieutenant civil, en date du 8 janvier 1622, remit en vigueur, pour Paris, les dispositions des anciens règlements : l'obligation pour les commerçants de faire enregistrer leurs noms, de déclarer les lieux de leurs achats et les quantités sur lesquelles devaient porter leurs opérations, de conduire leurs grains deux fois par mois aux marchés; de vendre leurs marchandises en personne, d'en fixer le prix trois jours après l'arrivée dans le port, de vendre au second marché. Elle renouvela la défense de mettre en grenier; assigna des heures aux boulangers et pâtissiers pour leurs achats, et limita la quantité de grains qu'ils pouvaient acheter. — Cette dernière disposition se trouve aussi dans l'ordonnance de police du 30 mars 1635.

L'ordonnance de 1629 fut promulguée à la suite de la mauvaise récolte de 1621, et n'empêcha pas le prix des grains d'augmenter et de se maintenir pendant deux années à un taux excessif. (Voy. Delamare, vol. 2, liv. 5, tit. 14, ch. 14, p. 365; — discours de M. de Chavannes à l'assemblée générale de police de 1768, dans le *Recueil des Lois relat. au comm. des Grains*, p. 210.)

Enfin, l'ordonnance de police du Châtelet de Paris, du 30 mars 1635, obligea les marchands à conduire leurs grains dans la capitale, et à les vendre eux-mêmes avant le troisième marché, sous peine d'être forcés de les vendre au rabais; défense leur fut faite de les mettre en magasin sans permission, sous peine de confiscation.

(2) Les magasins de grains furent défendus, sous peine de mort, par l'arrêt du 11 décembre 1626.

furent publiées des lois devenues la base de plusieurs codes qui nous régissent encore aujourd'hui, sous le règne de Louis XIV, la législation sur le commerce intérieur des grains ne fut point améliorée : on resta sous l'empire des dispositions réglementaires et prohibitives des règnes précédents.

Ce n'est qu'en 1699 qu'une loi générale fut publiée, et nous verrons qu'en reproduisant les dispositions des édits de 1567 et de 1577 cette loi y ajoutait encore de nouvelles rigueurs.

Cependant, un arrêt du 19 août 1661 et un édit de décembre 1672 formèrent, avec l'arrêt du Parlement du 23 août 1565, et les ordonnances de police de 1622 et 1632, un corps de législation sur le commerce des grains et l'approvisionnement de Paris (1).

---

(1) L'arrêt du 19 août 1661, renouvelant l'ordonnance de février 1415, défendait de serrer ou d'enlever des sacs les blés et farines arrivant par terre; de débarquer, de mettre en greniers, en magasins ou sous des bannes les mêmes denrées arrivées par eau.

Le même arrêt défendait de contracter aucune société pour l'achat des grains; d'en faire aucun amas, et d'en laisser séjourner dans les lieux de l'achat, sur les ports du chargement ou sur les routes par lesquelles ils devaient arriver.

L'ordonnance de 1415 imposait aux marchands qui conduisaient des grains à Paris l'obligation de les vendre avant le troisième marché, sous peine d'être tenus de les vendre à un prix inférieur à celui des marchés précédents; et, d'un autre côté, l'arrêt du 19 août 1661 et l'ordonnance de police du 31 mars 1635 interdisaient à tous marchands de faire aucun achat dans Paris, et limitaient même la quantité que chaque boulanger pouvait acheter.

L'arrêt du 23 août 1565 défendait aux marchands de grains, sous menace de punition corporelle, de transporter, soit par terre, soit par eau, hors de la ville, les grains qu'ils y avaient fait entrer.

Les ordonnances de 1622 et de 1632 défendaient, en outre, d'acheter aucuns grains dans le rayon de Paris ou de les en faire sortir.

Par l'édit de 1672, confirmant l'ordonnance de police de 1635, il était défendu aux marchands qui avaient commencé la vente d'un bateau de blé d'en augmenter le prix. Il était enjoint à ceux qui faisaient transporter des grains à Paris de les y vendre eux-mêmes ou par des personnes de leur famille.

Défense était faite par l'arrêt de 1661 de vendre des grains dans les chemins ou même de délier les sacs, sous peine de confiscation.

Nous ne pouvons mieux faire que de rapporter ici l'appréciation sévère mais exacte de ces différents actes, que Turgot a insérée dans le préambule de la déclaration du 5 février 1776 :

« C'est par de tels règlements qu'on s'est flatté autrefois, et presque jusqu'à nos jours, de pourvoir à la subsistance de notre bonne ville de Paris. Les négociants qui, par état, sont les agents nécessaires de la circulation, qui portent infailliblement l'abondance partout où ils trouvent liberté, sûreté et débit, ont été traités comme des ennemis qu'il fallait vexer dans leur route et charger de chaînes à leur arrivée. Les blés qu'ils apportaient dans la ville ne devaient plus en sortir ; mais ils ne pouvaient ni les conserver ni les garantir des injures de l'air et de la corruption ; on s'efforçait de précipiter les ventes, on arrêtait les achats. Le marchand devait vendre ses grains en trois jours de marché, ou en perdre la disposition ; l'acheteur ne pouvait s'en pourvoir que lentement et en petites parties ; la diminution des prix faisait la loi au négociant, leur augmentation ne pouvait lui profiter ; les marchands de grains, effrayés par les rigueurs de la police, étaient encore dévoués à la haine publique. Le commerce, opprimé, diffamé de toutes parts, fuyait la ville ; un arrondissement de vingt lieues de diamètre séparait entre elles et de notre dite ville les provinces les plus abondantes, et cependant toutes précautions étaient interdites dans l'intérieur et sur les abords ; on paraissait même conspirer contre les moissons futures, en exigeant que le laboureur quittât son travail pour suivre ses grains et les vendre par lui-même. »

Ces mauvais règlements produisaient leurs effets : ils étaient suivis de chertés excessives ; l'approvisionnement de Paris ne pouvait s'effectuer. Les arrêts du Conseil enjoignaient vainement d'y conduire les grains, ordonnaient aussi inutilement

---

Enfin, le même arrêt imposait aux commerçants l'obligation de passer leurs factures par-devant notaire, de les représenter aux officiers des grains, et de les faire inscrire sur des registres publics.

l'ouverture et la visite des greniers dans certaines provinces (1); tous ces remèdes violents étaient impuissants, et le gouvernement était obligé de faire acheter du blé à Dantzick et ailleurs, afin d'empêcher la famine de sévir dans Paris (2).

Après les crises affreuses que la France eut à traverser pendant les années 1692, 1693, 1694, 1698, 1699, et dont nous parlerons plus loin, on pensa à faire une loi générale sur le commerce des grains.

Le 31 août 1699 intervint une déclaration dans le préambule de laquelle le législateur avouait qu'il ne trouvait rien de mieux à faire *que de suivre la voie tracée par les anciennes ordonnances!*

Indépendamment de la formalité de l'enregistrement, cette déclaration astreignait les marchands à obtenir des officiers des lieux la permission de faire le commerce et à prêter serment devant eux, sous peine de confiscation de leurs denrées, de 500 livres d'amende et d'être déclarés incapables de continuer leur négoce (3).

Il était défendu à tous marchands de grains de contracter aucune société avec d'autres marchands de grains, soit des villes de leur résidence, soit des autres villes, à peine de confiscation, de 2,000 livres d'amende et d'interdiction du commerce (4).

Les marchands qui voulaient contracter des sociétés devaient, sous les peines portées par l'art. 1er, en passer des actes et les faire enregistrer aux greffes des juridictions ordinaires et de la police (5).

En fait, ces dispositions portaient atteinte à la faculté que chaque individu doit avoir d'exercer une profession, et l'ac-

---

(1) Voy. les arrêts des 30 août, 2 septembre, 16 novembre 1661; 4 février, 16 mai 1662. (Delamare, vol. 2, liv. 5, tit. 14, p. 381 et suiv.)

(2) Delamare, *loc cit.*, p. 384.

(3) Art. 1er. Etaient exceptées de cette disposition les personnes important ou exportant des grains en vertu de permissions (art. 7).

(4) Art. 8. — (5) Art. 9.

complissement des nombreuses formalités exigées par la loi était accompagné de tant de difficultés, que, dans la suite, le commerce des grains fut entièrement soumis à l'arbitraire de l'autorité.

En outre, le législateur, en défendant à deux commerçants d'associer leur intelligence et leurs capitaux, méconnaissait complètement les immenses bienfaits de l'association.

Enfin, les formalités, les précautions, les soupçons mêmes, dont la loi entourait la profession de marchand de grains, devaient éloigner de ce genre d'industrie toutes les personnes honorables, en laissant la carrière libre aux gens sans délicatesse, sans moralité.

Plus sage était la disposition de la déclaration qui interdisait le commerce des grains à un nouvel ordre de personnes peu considérable dans les premiers temps, c'est-à-dire aux receveurs et fermiers des droits du roi, aux commis, aux caissiers, et à tous autres intéressés dans le maniement des finances (1).

La déclaration renouvelait aussi la défense si souvent faite d'acheter ou d'arrher les grains en vert, sur pied et avant la récolte (2).

Elle maintenait les règles spéciales à la ville de Paris et les usages particuliers des autres villes du royaume (3).

La déclaration de 1699 fut la loi générale qui régla le commerce intérieur des céréales jusqu'à la célèbre déclaration de 1763.

Pendant les siècles que nous venons de traverser, la législation était le fruit de l'empirisme ou de l'ignorance; il faudra que plus de soixante ans s'écoulent encore avant que la raison, secondée par l'expérience, ne préside à la rédaction des ordonnances (4).

---

(1) Art. 5. — (2) Art. 10. — (3) Art. 4.

(4) Parmi les quelques lois particulières rendues avant cette époque, nous citerons la déclaration du 19 avril 1723, qui renouvela la défense d'acheter et de vendre ou mesurer les grains ailleurs que dans les marchés.

Un arrêt du Conseil, du 10 novembre 1739, voulut cependant affranchir le commerce intérieur des grains de cette multitude de droits existant en France sous les noms de *péages, pontonnages, travers* et autres; mais sa disposition fut singulièrement restreinte par l'interprétation que lui donna l'arrêt de 1740, et qui avait été sollicitée par les privilégiés disséminés sur toute la surface du royaume (1).

A la fin du XVIIe siècle et au commencement du XVIIIe, il avait paru plusieurs écrits sur les finances, sur l'importance relative du commerce et de l'agriculture, et sur plusieurs autres objets d'administration publique. Ce n'était pas seulement Vauban, qui, dans son *Projet d'une Dixme royale,* avait fait entendre d'austères vérités, un autre écrivain, longtemps méconnu et oublié, Boisguilbert, avait scruté avec une sagacité souvent remarquable, quoique sous une forme quelque peu diffuse et incorrecte, les causes générales de la misère publique, et proposé les remèdes que l'on devait appliquer.

Dans plusieurs passages du *Factum de la France*, et dans son *Traité des grains,* publié quelque temps après le *Détail de la France* (2), Boisguilbert avait critiqué avec force la législation du commerce des céréales, et laissé apparaître dans ses écrits les premières lueurs des principes de la célèbre école des économistes du XVIIIe siècle (3), que nous verrons bientôt commencer avec ardeur l'œuvre de réformation, et même faire triompher pendant quelque temps ses doctrines en les faisant inscrire dans le préambule des ordonnances.

---

(1) L'arrêt de 1740 déclara que les droits de *poids mesures, octrois, foires, marchés* ET AUTRES DE PAREILLE NATURE n'étaient pas compris parmi ceux dont l'arrêt de 1739 avait exempté les grains. C'était faire revivre tous les droits que l'on avait voulu abolir.

(2) Le *Détail de la France* parut en 1697, et le *Factum* en 1707.

(3) Ainsi dans le *Factum de la France*, en parlant des lois sur les grains, Boisguilbert disait : « Il n'y avait qu'à laisser faire la nature, comme partout ailleurs, et la liberté, qui est la commissionnaire de cette même nature, n'aurait pas manqué de faire une compensation avantageuse. » (Chap. 5, p. 265, édit. Guillaumin.)

CHAPITRE II

Du commerce extérieur des céréales avant la seconde moitié du XVIIIe siècle.

Le commerce extérieur consiste dans les opérations des marchands qui importent des céréales étrangères pour la consommation intérieure, et dans les opérations des commerçants qui exportent des grains produits par le sol français pour la consommation de l'étranger.

Au moyen âge et dans les siècles suivants, tandis que les ordonnances sur l'exportation se multiplient, la législation est absolument muette sur l'importation. Ce n'est qu'à la fin du XVIIe siècle que la loi s'en occupe pour la première fois. Nous en expliquerons ailleurs les motifs (1).

SECTION Ire. — *De l'exportation des céréales pendant le moyen âge.*

Au moyen âge, la défense d'exporter les grains était souvent renouvelée par les ordonnances. Les disettes et les famines n'en étaient que plus fréquentes (2).

La prohibition d'exportation était quelquefois décrétée d'une manière âbsolue (3); mais le plus souvent les mandements ou les lettres patentes renfermaient la mention du droit que conservaient le souverain ou les personnes préposées à cet effet, d'accorder des permissions d'exportation.

---

(1) Voy. *infra*, sect. III.

(2) Depuis l'an 1005 à 1108, les historiens comptent au moins douze famines, sur la plupart desquelles ils donnent les détails les plus affligeants. — Voy. notamment le dernier chapitre du tome 1er de l'*Histoire physique, civile et morale de Paris*, par Dulaure.

(3) Le principe de la prohibition absolue était déjà décrété sous le règne de Charlemagne : « *Ne foras imperium nostrum vendatur aliquid alimoniæ.* (Baluze, I, 430.) — Voy. aussi le mandement de Philippe-le-Hardi, du mois de mars 1277.

C'est ainsi qu'en 1302 Philippe-le-Bel défendait, sous peine de saisie de corps et de biens, de transporter hors du royaume les blés et autres comestibles sans sa permission spéciale et préalable (1).

Au mois d'août 1303, le sénéchal de Carcassonne recevait du roi l'injonction de faire exécuter rigoureusement les dispositions de ce mandement.

Les lettres patentes du 1er février 1304 ne sont pas moins explicites : elles prohibent, sous peine de saisie et de confiscation des denrées et des instruments de transport, l'exportation du blé et de toute autre espèce de grains sans la permission spéciale du roi ou des personnes qui auraient reçu du souverain le pouvoir d'accorder de telles permissions (2).

Ces dispositions sont rappelées dans les lettres du 6 février 1304, par lesquelles l'autorisation est donnée à Coquatrix de placer des gardes sur les frontières et les passages du royaume, de changer ceux qui sont déjà établis et d'en nommer d'autres, d'accorder des permis pour exporter en pays étrangers et alliés, de prononcer contre les contrevenants les peines édictées par la loi, et de faire, en un mot, tout ce qui peut être utile et nécessaire pour l'accomplissement de la mission qui lui est confiée (3).

Autrefois les baillis et sénéchaux permettaient ou défen-

---

(1) « Districtius duximus inhibendum, ne quis sub pœna corporis et averii, vinum, bladum, vel alia victualia quocumque nomine censeantur, de regni prædicti finibus, per terram, per mare, vel per se, vel per alium presumat extrahere, vel in via ponere extrahendi, *absque nostra speciali licentia per nostras patentes litteras praeobtenta.* » (§ 1er.)

(2) §§ 1er et 2. — Le paragraphe 1er porte : « Districte præcipimus, quatenus bladum, avenam, hordeum, aut aliquid genus grani vel leguminum quorumcumque....... de prædicto nostro regno trahi, portari seu deferri nullatenus permittatis, *absque nostris patentibus litteris, vel illorum quos ad hoc duxerimus deputandos, de personis quibus super hoc gratiam fecerimus aut nos facere continget expressam facientibus mentionem.* »

(3) Voy. aussi le mandement de Charles-le-Bel du 11 mai 1332. (*Reg. noster*. Ch. des comptes, f. 136.)

daient la sortie des blés et autres denrées de leur ressort. Ils abusèrent souvent de leur pouvoir (1).

Puis, lorsque des gouverneurs furent envoyés dans les provinces, il s'éleva de nombreux conflits entre eux et les baillis et les sénéchaux, qui prétendaient aussi avoir dans leurs attributions le droit d'accorder ou de refuser les permissions d'exporter.

Selon Delamare, ce serait François Ier qui se serait pour la première fois réservé exclusivement ce droit.

A son retour des guerres d'Italie, et dans la prévision de nouvelles luttes, François Ier aurait jugé nécessaire de ménager les approvisionnements dans ses Etats, et surtout dans les places de la Normandie, qui se trouvaient plus exposées aux excursions des ennemis. C'est pour ce motif qu'il aurait retiré les pouvoirs accordés aux baillis et aux autres officiers des provinces (2).

Le droit exclusif d'accorder des permissions de traites foraines était, selon nous, réservé par la royauté longtemps avant le règne de François Ier, comme on a pu le voir par les ordonnances que nous avons citées; et si François Ier insista peut-être avec plus de fermeté que ses prédécesseurs pour résister aux prétentions des baillis et sénéchaux (3), ces officiers ne continuèrent pas moins, dans les règnes suivants, à enfreindre les défenses qui leur étaient faites.

Delamare pense aussi qu'il n'est fait aucune mention, sous les rois de la troisième race jusqu'à Charles V (1364), du droit

(1) Parmi les dispositions du règlement que fit saint Louis au retour de son voyage dans la Terre sainte, il en est une qui prescrit aux baillis et sénéchaux de ne prohiber l'exportation du blé et d'autres marchandises que dans le cas d'une nécessité bien reconnue. Une exception est faite à l'égard des ennemis de l'Etat, auxquels il est défendu de faire passer des vivres sans la permission du roi, durant le cours des hostilités. Cette défense n'est point étendue au temps des trèves. (Ord. de 1254, tit. 27 et 28; — Fontanon, t. 1, liv. 2, tit. 1, p. 180; — Delamare, vol. 2, liv. 5, tit. 13, ch. 2, p. 268.)

(2) Vol. 2, liv. 5, tit. 13, ch. 2, p. 269.

(3) Voy. ord. de novembre 1539.

de traites foraines, qui était en usage dès les premiers temps de la monarchie sous le nom de *tributum transiturœ* (1). Charles V lui-même, en rétablissant le droit de traites foraines sur les marchandises exportées, en même temps qu'un droit d'aides sur les denrées consommées dans le royaume, pour subvenir aux besoins du trésor épuisé par suite des guerres étrangères et des autres évènements du règne de son père, en avait excepté, dit Delamare, les *blés,* les vins, le sel, et ce ne serait que Charles VIII qui aurait imposé ce droit sur toutes les denrées, et par conséquent sur les grains, par l'ordonnance du 18 décembre 1488 (2).

Les grains furent, en effet, retranchés de la taxe par l'ordonnance de Charles V du 14 juillet 1376 (3), portant règlement de l'imposition foraine sur les denrées et produits nationaux qui s'exportaient des pays d'aides à l'étranger ou dans les provinces qui n'étaient pas soumises aux aides.

Les séditions et les troubles civils qui tourmentèrent la France dans les années qui suivirent le règne de Charles V purent bien être aussi un obstacle au rétablissement du droit de traite foraine sur les grains.

Mais ce droit fut perçu à une époque antérieure au règne de Charles VIII. C'est ainsi qu'après l'ordonnance de Charles-le-Bel du 11 mai 1322, qui prohibait la sortie des grains sous

---

(1) « L'imposition foraine est un tribut que le roi prend de toutes les denrées et marchandises prises par manière d'achapt, ou chargées au royaume pour porter hors d'iceluy, soit pour les marchands étrangers ou régnicoles entrant ou sortant du royaume, et de toutes sortes de marchandises comme le bled, etc....., et pour ce, il n'y a de différence de ce tribut et imposition foraine aux autres aides qui se lèvent en France, sinon que l'un procède et se lève des choses qui de la France se transportent ailleurs, et les autres de la vente des choses faictes dans le royaume. » (*Archives de l'Histoire de France*, t. 9, 1re série, p. 364.)

(2) Delamare, *loc. cit.*, p. 271. L'ordonnance du 18 décembre 1488 fixa le droit de traite foraine à six deniers par livre du prix des denrées qui se tiraient du diocèse de Paris, et à un sou par livre de celles qui se prenaient ailleurs. Ce tarif nécessitait des évaluations qui donnaient lieu à de nombreuses difficultés.

(3) Fontanon, liv. 2, tit. 3, p. 447.

les peines les plus sévères, ce prince, sur les instances des marchands étrangers, excepta de la prohibition plusieurs espèces de marchandises et denrées, et notamment les grains, sous la condition du paiement de certains droits à la sortie du royaume (1).

La prohibition d'exportation, si souvent renouvelée, était peut-être dictée par les exigences de l'état politique et social du moyen âge. Il ne faut pas trop se hâter de condamner comme des erreurs les institutions anciennes, surtout lorsqu'elles ont été adoptées par plusieurs nations à une certaine période de leur existence (2). Il en est plusieurs qui peuvent bien être considérées comme défectueuses quand elles sont adaptées à un état de civilisation différent ou plus avancé; mais elles ont pu, en leur temps, satisfaire à un véritable besoin.

Si on se rappelle quelles étaient la distribution et l'administration du pays au moyen âge, on comprendra que la défense d'exportation ait été décrétée non pas à titre de représailles, ainsi que l'a écrit un savant plubliciste (3), mais comme une conséquence nécessaire de la situation économique de cette époque.

Les plus grandes quantités de grains produites par plusieurs années d'abondance se trouvaient entre les mains d'un petit nombre de détenteurs. Cette concentration des produits en devait faciliter la sortie. Les riches propriétaires du moyen âge, malgré leurs habitudes guerrières, malgré la simplicité de leurs mœurs, étaient assez accessibles aux

---

(1) Lettres du 13 décembre 1324 : « Ces lettres sont l'avis des choses sur quoi imposition se pourrait faire, et de combien et de comment qui seront transportez hors du royaume. — TARIF : ..... 2° froument, poës et fèves pour chascun sextier, *douze deniers*, et est à entendre que tout ce est au sextier de Paris, et à ce sextier tout sera évalué; — 3° avoine et tout autre grain, chascun sextier, *six deniers.* » (Saulnier, *Rech. hist. sur le Droit de Douane*, p. 42.)

(2) La prohibition d'exportation a été permanente en Angleterre jusqu'en 1436.

(3) M. Blanqui, *Hist. de l'Econ. polit.*, t. 1er, p. 215.

séductions du luxe, et assez souvent entraînés à conclure des marchés avec les commerçants étrangers qui leur offraient en échange des objets destinés à satisfaire leurs caprices ou leur orgueil.

Enfin, le commerçant régnicole devait préférer l'exportation au commerce intérieur, qui, nous l'avons vu, était entravé par de trop nombreuses prohibitions. Sur la mer le marchand avait au moins quelque liberté.

SECTION II. — *De l'exportation des céréales pendant le XVIe siècle et le XVIIe, jusqu'au ministère de Colbert.*

Dans l'intervalle qui sépare le règne de François Ier de celui de Louis XIV, la législation sur le commerce extérieur se compose d'une série d'ordonnances permettant l'exportation, lorsque l'abondance existait dans le royaume, puis la défendant sous les peines les plus graves, dès que la France était menacée de la disette.

Ainsi, François Ier, par son ordonnance du 20 février 1534, levait les défenses de traites foraines portées par les ordonnances des 23 février et 12 mars 1515, et permettait l'exportation en franchise de tous droits. Mais, dès le 20 novembre 1538, cette permission générale était révoquée; des droits considérables à la sortie étaient établis (1); des contrôleurs des traites étaient nommés le 8 mars suivant.

Sous Henri II, l'exportation était de nouveau permise. Les lettres patentes du 29 août 1558, qui accordaient cette permission, étaient motivées, comme presque toutes les permissions générales de traites foraines accordées auparavant, sur l'abondance qui régnait dans le royaume au moment de la publication.

On se hâtait de faire écouler les réserves, sauf à renouveler les prohibitions lorsque la cherté reparaissait.

---

(1) Un écu sol par tonneau, c'est-à-dire par six setiers pesant 1,300 livres.

Le législateur n'avait aucune pensée de prévoyance.

Une réforme assez importante eut cependant lieu sous le règne de François II.

Il fut établi à Paris un bureau de huit commissaires révocables, chargé d'accorder des permissions pour la sortie des grains à l'étranger, jusqu'à concurrence de la quantité fixée par lettres royales au commencement de chaque année (1). « Nous avons, porte l'édit, proposé et délibéré de donner et octroyer tous les ans, traite de bleds et de vins, selon la quantité qui se trouvera que dans les provinces de nostre royaume pourront porter, sans incommoder nostre dit peuple, et afin que par le moyen et sous prétexte des dites traites, il ne soit plus fait les abus qui, par le passé et jusques ici, se sont faits grandement préjudiciables, non-seulement à nos droits, mais à nostre dit peuple et sujets, *lesquels quelquesfois, pour avoir esté tiré trop grande quantité desdits bleds, s'en sont trouvez, avant que de venir à la nouvelle récolte, en grande nécessité, et d'autres fois pour avoir tenu trop serrées les dites traites, leurs bleds et vins sont demeurez sur les bras, comme inutiles, sans en faire leur leur profit.* »

Le droit exigé pour l'expédition de chacune des lettres de traite, congé et permission fut fixé à un écu, quelle que fût la quantité de grains portée dans ces lettres.

Cet édit soumettait à plus de régularité la délivrance des permissions d'exportation, et remédiait aux abus résultant du grand nombre de personnes (2) qui, auparavant, accordaient ces permissions.

Il annonçait, en outre, l'intention de prendre en considération l'état d'abondance dans lequel se trouveraient les provinces pour permettre ou prohiber l'exportation. Toutefois, les commissaires ne pouvaient pas obtenir facilement des

(1) Edit du 20 décembre 1559.

(2) Telles que les lieutenants généraux, gouverneurs, amiraux, vice-amiraux.

renseignements de personnes sur lesquelles ils n'avaient point d'autorité.

Quoique cet édit renfermât certainement des améliorations, des remontrances eurent lieu ; mais il fut passé outre, et, le 21 janvier 1560, des lettres de jussion en ordonnèrent l'enregistrement (1).

François II mourut en 1560, et cette loi n'eut pas une longue durée.

Charles IX prohiba d'abord l'exportation d'une manière absolue par l'édit du 8 juin 1565, motivé par la mauvaise apparence de la récolte de l'année. Puis, par le règlement du 4 février 1567, il défendit d'exporter sans sa permission, qu'il déclara ne vouloir accorder qu'après avoir été renseigné sur l'état des récoltes, par le rapport des gouverneurs, baillis, sénéchaux des provinces, et officiers des corps communs des principales villes.

Il publia ensuite l'édit général du mois de juin 1571.

Aux termes de cet édit, la faculté d'accorder des permissions d'exportation hors du royaume fut déclarée *droit royal et domanial*.

Défense fut faite d'exporter sans en avoir obtenu la permission du roi.

Les baillis et sénéchaux durent commettre les juges subalternes de leur ressort pour mander aux maires, échevins, consuls et autres administrateurs de s'adjoindre les principaux et plus notables bourgeois, et de s'informer de l'état de la récolte.

Les baillis et sénéchaux étaient tenus de transmettre leurs rapports, avec leurs avis, sur la quantité de grains que l'on pouvait exporter sans priver les provinces de leur approvisionnement de l'année.

Les trésoriers de France, dans chacune des généralités, devaient, de leur côté, prendre les mêmes informations, et transmettre aussi leurs rapports et avis.

---

(1) V. Forbonnais, *Recherches sur les Finances*, t. Ier, p. 68.

Des lettres royales répartissaient ensuite entre les provinces et généralités la quantité de grains que chacune d'elles pouvait exporter.

Les baillis et sénéchaux étaient chargés, chacun dans son ressort, de mettre les traites permises en adjudication aux enchères, selon les formes requises pour les fermes, et de délivrer, en conséquence, les permissions nécessaires.

Outre le prix d'adjudication, l'adjudicataire devait payer pour le droit de traite trois livres dix sous par tonneau de froment, et une somme proportionnelle par tonneau d'autres grains (1).

Le même édit déterminait les ports, hâvres et passages par lesquels l'exportation aurait lieu, et nommait un contrôleur général des traites, dans les attributions duquel les intérêts du trésor semblent occuper le premier rang.

Cet édit passablement fiscal, révèle bien comme les édits de 1559 et de 1567, l'intention de prendre en considération l'état des récoltes, et témoigne ainsi d'une plus grande prévoyance que les ordonnances antérieures; mais l'enquête prescrite pour fixer les quantités de grains à exporter chaque année ne devait procurer que des renseignements fort incertains. Est-ce que de nos jours même on n'en est pas encore à se demander quel serait le meilleur moyen pour établir, chaque année, une statistique exacte et complète de la production agricole ?

Enfin, la mise en adjudication prescrite par l'édit érigeait la faculté d'exportation, le commerce extérieur des céréales, en véritable monopole.

De nouveaux droits à la sortie furent ensuite décrétés par Henri III (2).

Sous le même règne, les traites foraines furent défendues

(1) Le tonneau était de neuf setiers.

(2) Voy. lettres patentes de février 1577, rappelées dans l'édit de novembre de la même année.

sous peine de confiscation des denrées, et même sous peine de mort (1).

Les lettres de Henri IV, du 12 mars 1595, prohibèrent aussi l'exportation hors du royaume, sous peine, en cas de contravention, d'être puni comme *criminel de lèze-majesté*.

Il est vrai que les guerres étrangères et civiles avaient tellement troublé les travaux de l'agriculture et épuisé la France, que l'on redoutait la disette et la famine, ainsi que le porte le préambule des lettres précitées.

Cependant, tout en décrétant le remède traditionnel de la prohibition, le législateur inscrivait au frontispice de son ordonnance ces paroles remarquables : « Combien que l'expérience nous enseigne que la liberté du trafic que les peuples et sujets des royaumes font avec leurs voisins et étrangers, est un des principaux moyens de les rendre aisés, riches et opulents, et qu'en cette considération nous ne voulions empêcher que chacun fasse son profit de ce qu'il a par le moyen et bénéfice du commerce, néanmoins... »

Ce préambule rappelle le passage des *Economies royales* de Sully, souvent cité en faveur du principe de la liberté commerciale (2). Doit-on attribuer à l'influence de ce grand ministre les lettres de 1595? quelques écrivains semblent en douter.

Quoique la charge de surintendant des finances n'ait été rétablie en faveur de Sully que dans l'année 1599 (3), il entra dans le conseil des finances dès l'année 1595 (4). La guerre

(1) Edit du 19 septembre 1587.

(2) « Autant qu'il y a de divers climats, régions et contrées, autant semble-t-il que Dieu les aye voulu diversement faire abonder en certaines propriétés, commodités, denrées, matières, arts et métiers spéciaux et particuliers qui ne sont point communs, ou pour le moins de telle beauté aux autres lieux, afin que, pour le trafic des choses (dont les uns ont abondance et les autres disette), la fréquentation, conversation et société humaine soient entretenues entre les nations, tant éloignées fussent-elles les unes des autres. »

(3) Voy. Forbonnais, *Recherches sur les Finances*, t. Ier, p. 39.

(4) Forbonnais, *loc. cit.*, p. 19.

fut déclarée à l'Espagne par le manifeste du 17 janvier de cette dernière année. Henri IV ne partit de Paris que le 30 mai, et c'est avant son départ qu'il établit un nouveau conseil dans lequel Sully entra. Or, c'est dans l'intervalle entre le 17 janvier et le 30 mai, c'est-à-dire le 12 mars, que les lettres de 1595 furent publiées. On peut donc présumer que si ces lettres sont l'œuvre du nouveau conseil, Sully y participa.

D'un autre côté, ces lettres ne furent révoquées par aucune loi postérieure et pendant tout le temps que Sully fut au pouvoir.

Si l'édit du 20 février 1601 permit l'exportation, ce ne fut que *pendant l'année,* et grâce à l'abondance qui régna en France après la paix de Vervins et la cessation des troubles civils.

Il faut bien le reconnaître, si les Mémoires de Sully prouvent que ses principes étaient favorables à la liberté du commerce extérieur, néanmoins les lois rendues pendant son ministère consacrèrent en règle générale le régime de la prohibition.

Du reste, on le sait, ce n'est pas seulement en cette matière que Sully se montra peu conséquent avec ses doctrines pendant la durée de son administration (1).

Sous Louis XIII, et après la mauvaise récolte de 1625, des lettres patentes du 26 mai 1626 défendirent les traites foraines, et l'arrêt du 11 décembre de la même année édicta la peine de mort contre les personnes qui contreviendraient à ces défenses.

Un édit de janvier 1629 renouvela quelques dispositions des édits de Charles IX et de Henri III. La traite des grains ne fut affermée que sous la condition que le roi pourrait défendre ou permettre l'exportation quand bon lui semblerait. Les officiers, maires et échevins durent lui faire parvenir

(1) Voy. sur ce dernier point M. Blanqui. *Hist. de l'Econ. polit.*, t. 1er, p. 357.

leurs rapports sur l'état des récoltes avant que la permission d'exportation fût accordée.

Puis, les lettres patentes du 30 septembre 1631 défendirent, sous des peines corporelles, la sortie sans la permission royale.

La liberté d'exportation fut rétablie en 1639, *dans l'espérance,* porte l'édit, *que la vente des bleds... soulagerait le peuple.* « Cette déclaration, dit Forbonnais, n'est-elle pas un aveu de la faute commise en suspendant cette vente ? » (1)

Environ trois ans après, un arrêt du 9 avril 1643 prohibait la sortie sous peine de mort.

C'est, on le voit, toujours le même système, les mêmes alternatives de prohibition, de liberté exceptionnelle et de rigueurs excessives.

Toutefois, l'assemblée de 1627 semblait, dans ses réponses sur les diverses propositions qui lui furent faites de la part du roi, considérer la libre exportation comme la loi la plus favorable à la prospérité du royaume, car elle ne sollicitait la prohibition qu'à l'égard des provinces menacées de disette ou environnantes (2).

Les mêmes cahiers suppliaient le roi de n'accorder aucun passeport à la faveur, et de défendre expressément aux gouverneurs de faire la traite lorsqu'elle était prohibée (3). Ces vœux ne firent pas cesser les monopoles et les abus.

Nous passerons sous silence quelques autres documents, pour nous livrer à l'examen des actes du plus éminent ministre du règne de Louis XIV, de l'infatigable Colbert, dont l'habileté a été tour à tour exaltée ou ravalée par les opinions. Ce sera l'objet de la section suivante.

---

(1) *Rech. sur les Fin.*, t. 1er, p. 232.

(2) Forbonnais, *loc. cit.*, p. 205.

(3) *Id.*, p. 206.

SECTION III. — *Actes du ministère de Colbert sur le commerce extérieur des céréales.*

Le célèbre tarif des cinq grosses fermes du 18 septembre 1664 établit des droits à la sortie et à l'entrée des céréales : le blé-froment et méteil payèrent un droit d'exportation de 22 livres par muid, c'est-à-dire par 18 hectolitres 72 centilitres. Le droit d'importation fut de 2 livres seulement pour la même quantité (1).

Jusqu'à cette époque, l'importation des grains avait toujours été permise, et aucun droit à l'entrée n'avait été établi, parce que, par suite du bas prix du blé en France, des prohibitions à l'exportation dans la plupart des pays avoisinants et de l'instabilité des communications internationales, les blés étrangers ne pouvaient exercer que peu d'influence sur les prix de nos marchés (2).

Nous devons rectifier ici un point qui a échappé à la plume d'un économiste distingué : M. de Molinari, après avoir écrit que les restrictions à l'importation sont nouvelles dans la législation française, dit que c'est seulement en 1816, pour la première fois, qu'un droit de balance de 50 centimes par hectolitre (2 1/2 p. 0/0 environ) a été établi sur les céréales (3).

Nous venons de voir que le tarif de 1664 avait grevé ces denrées d'un droit à l'entrée, et nous verrons plus tard que, bien avant 1816, l'édit de Compiègne de juillet 1764 avait assujetti le blé à un droit d'entrée de 1 p. 0/0, et les autres grains à celui de 3 p. 0/0 (4).

Plusieurs modifications ou dérogations furent apportées au tarif de 1664 pendant le ministère de Colbert.

Des arrêts postérieurs, tantôt permirent l'exportation en

(1) Le droit de sortie pour les fèves était de 12 livres par muid.

(2) *Histoire du Tarif, — les Céréales*, p. 8.

(3) *Loc. cit.* — (4) Art. 7.

franchise de tous droits pour quelques mois à toutes les provinces ou à quelques-unes (1), tantôt la permirent pendant une année et sous la condition de payer la moitié des droits fixés par le tarif (2), tantôt, enfin, accordèrent le droit d'exporter en franchise pour un temps illimité et jusqu'à nouvelle ordonnance (3).

Un arrêt du 23 septembre 1673 diminua de moitié le droit de sortie sur les fèves, parce que les commerçants firent observer que les droits établis sur ces grains ne leur permettaient pas de rivaliser avec l'Espagne, où les Hollandais s'en approvisionnaient.

On revint au tarif de 1664 par les arrêts des 19 avril et 4 septembre 1764.

Puis, une prohibition absolue d'exportation fut décrétée par l'arrêt du 6 juillet 1675, dans la crainte qu'il ne passât des grains aux ennemis. Cette prohibition fut levée par les arrêts du 31 décembre de la même année et du 6 juillet 1677.

Le 6 octobre suivant, nouvel arrêt qui prohibe la sortie par les frontières de certaines provinces, *afin*, porte l'arrêt, *de faire subsister avec plus de facilité les armées de Sa Majesté pendant le quartier d'hyver*. Cette défense fut levée par les arrêts des 14 et 27 mai 1678.

La prohibition des arrêts des 11 septembre et 6 octobre 1677 fut également levée par l'arrêt du 4 juin 1678, et celle du 23 juillet 1678, relative aux provinces de Picardie et de Champagne, par l'arrêt du 7 janvier 1679.

Nous n'avons insisté sur ces détails que pour montrer combien fut variable cette partie de la législation, qui cependant plus que toute autre, exige de la stabilité.

Ainsi, en résumé, un tarif permanent fixant des droits considérables pour l'exportation et excessivement modérés pour l'importation; des permissions en franchise de tous droits

(1) Voy. arrêt du 20 mai 1669.

(2) Arrêts du 31 décembre 1671 et du 26 octobre 1672.

(3) Arrêt du 25 avril 1673.

pour un temps déterminé et souvent assez court ou pour un temps illimité ; puis des alternatives de prohibitions et de retours à la loi générale de 1664 : telle fut la législation sur le commerce extérieur pendant l'administration de Colbert.

Ce n'est pas seulement cette mobilité continuelle de la législation qui peut être critiquée : les économistes du XVIIIe siècle, partisans du système mercantile, les physiocrates et les autres, ont tous fait ressortir les conséquences désastreuses du système adopté par Colbert, et ses funestes effets sur l'agriculture aussi bien que sur la condition des populations.

Le premier de ses historiens, Forbonnais, lui reproche d'avoir maintenu le prix des grains à un taux trop bas, et d'avoir pour ainsi dire tari la source de la production agricole : « La culture diminua, en général, principalement dans les terres médiocres ou mauvaises, qui exigent plus de dépenses. Les marais restèrent en marais, les terrains incultes continuèrent de passer pour inutiles, puisqu'à l'aide d'un calcul très simple le prix de leurs productions possibles n'équivalait pas à la depense connue » (1).

Les critiques des physiocrates ne furent pas moins vives : « Ce ministre, si estimable par ses bonnes intentions, mais trop attaché à ses idées, voulut faire naître les richesses du travail des doigts au préjudice de la source même des richesses, et dérangea toute la constitution économique d'une nation agricole. Le commerce extérieur des grains fut arrêté pour faire vivre le fabricant à bas prix » (2).

Voici enfin comment Adam Smith s'exprime : « Pour procurer aux habitants des villes le bon marché des vivres et encourager par là les manufactures et le commerce étranger, il prohiba totalement l'exportation des blés (3), et, par ce moyen, ferma aux habitants des campagnes tous les marchés

---

(1) *Rech. sur les Fin.*, t. 1er, p. 291 et suiv.

(2) Notes sur les *Maximes générales du Gouvernement économique d'un Royaume agricole*, par Quesnay, p. 89, édit. Guillaumin.

(3) Ceci n'est pas parfaitement exact. — Voy. l'analyse que nous avons faite plus haut de la législation sur l'exportation.

étrangers, pour la partie, sans comparaison, la plus importante du produit de leur industrie. Cette prohibition, jointe aux entraves dont les anciennes lois provinciales de France avaient embarrassé le transport du blé d'une province à l'autre, ainsi qu'aux impôts arbitraires et avilissants qui se lèvent sur les cultivateurs dans presque toutes les provinces, découragea l'agriculture de ce pays et la tint dans un état de dégradation bien différent de l'état auquel la nature l'avait destinée à s'élever sur un sol aussi fertile et sous un climat aussi heureux » (1).

Colbert, par les différents actes législatifs que nous avons parcourus, eut-il pour but d'abaisser systématiquement le prix des grains en vue de favoriser les manufactures? pensa-t-il que le taux des salaires se réglait sur la valeur des denrées alimentaires, et qu'il fallait maintenir le bas prix des subsistances, et par conséquent celui des salaires, afin de donner aux manufactures de la France, dans les luttes industrielles, un avantage marqué sur les pays étrangers? On peut le soutenir.

Mais ce qui nous paraît plus certain, c'est que, pendant l'administration de cet illustre ministre, qui ouvrit la carrière au travail national, qui imprima une si grande impulsion aux mouvements de la production industrielle, et qui dota la France d'institutions dont l'ensemble, selon les expressions d'un savant écrivain, compose le plus bel édifice qui ait été élevé par aucun gouvernement à la science économique (2), la législation sur le commerce extérieur des céréales fut plus défectueuse encore que celle des temps antérieurs.

Les entraves résultant des droits établis à la sortie, les fluctuations de la loi sur ce point, les mouvements convulsifs opérés dans le commerce par suite des permissions d'exportation suivies de prohibition absolue; toutes ces mauvaises

(1) *Recherches sur la nature et les causes de la Richesse des Nations*, t. 2, liv. 4, ch. 9, p. 310, édit. Guillaumin.

(2) M. Blanqui, *Hist. de l'Econ. polit.*, t. 2, p. 2.

mesures, jointes au défaut de liberté dans le commerce intérieur et aux obstacles que la circulation rencontrait encore de toutes parts, eurent les plus déplorables résultats.

On vit, sous l'empire de cette législation, des écarts énormes dans le prix des grains, des chertés excessives suivies de disettes (1), au grand détriment non-seulement de l'agriculture, mais aussi du commerce (2) et de la nation tout entière.

SECTION IV. — *De l'exportation des céréales depuis la mort de Colbert jusqu'à la seconde moitié du XVIIIe siècle.*

Après la mort de Colbert, plusieurs années d'une extrême abondance apportèrent quelque soulagement à la misère du peuple.

L'exportation fut permise pendant quelque temps, soit moyennant le paiement des droits fixés par le tarif de 1664, soit en franchise de tous droits (3). Forbonnais dit que ces mesures du ministre Lepelletier produisirent quelques bons résultats (4).

Plus tard, l'art. 7 de la déclaration de 1699 disposait que les exportations n'auraient plus lieu à l'avenir qu'en vertu de permissions générales ou particulières accordées par le souverain.

L'exportation fut plusieurs fois permise dans la suite (5).

Elle le fut notamment après l'abondance des récoltes des

---

(1) Voy. sur ce point, Boisguilbert *Détail de la France*, p. 196, édit. Guillaumin.

(2) En 1669 Colbert écrivait à l'ambassadeur de France en Hollande, que les blés n'ayant aucun débit, les propriétaires ne tiraient point de revenus de leurs biens : « ce qui, disait-il, par un enchaînement certain, empêchait la consommation et *diminuait sensiblement le commerce.* » (*Histoire du Système protecteur*, par M. Pierre Clément, p. 32. — Voy. aussi Forbonnais, *Rech. sur les Fin.*, t. 1er, p. 294.)

(3) Voy. arrêts 17 décembre 1686 et 8 mars 1689.

(4) *Rech. sur les Fin.*, t. 2, p. 15.

(5) Voy. Forbonnais, *loc. cit.*, p. 382, 397, 444.

années 1733 à 1738 ; mais il survint un hiver rigoureux, et la France fut de nouveau menacée d'une disette.

En suivant les errements des règnes précédents, on arrivait toujours aux mêmes résultats.

Les exportations n'étaient permises que lorsque la surabondance était extrême et les prix avilis. De là la ruine de la culture et des cultivateurs. L'exportation était un remède toujours trop tardif.

Lorsque la permission de sortie intervenait, comme les grains étaient à bas prix, les exportations étaient considérables, soit à cause de la nécessité dans laquelle se trouvaient les cultivateurs, obligés de payer les frais de culture et l'impôt, de vendre des quantités plus grandes que si le prix des denrées avait été plus élevé, soit aussi parce que les commerçants, prévoyant le retour de la prohibition, se hâtaient de faire des magasins dans les pays étrangers.

Si la récolte de l'année suivante était mauvaise, la cherté ou la disette ne manquaient pas de reparaître.

C'est ce qui arriva en 1740 : on sait que le contrôleur général Orry fut obligé de faire acheter au-dehors une certaine quantité de grains qui par elle-même était un secours insuffisant, et qui eut du moins pour résultat de faire ouvrir les greniers que la cherté avait fait fermer (1).

Mais nous arrivons à une époque où ces vices de la législation et bien d'autres encore vont être dévoilés dans de nombreux écrits, dans de vives et curieuses discussions qui eurent alors un grand retentissement, et qui sont sans doute aujourd'hui parfaitement oubliées.

---

(1) Voy. *Observations sur le Commerce des Grains*, attribuées à Chamousset. p. 51 ; *Réflexions sur la Police des Grains*, attribuées à Abeille. p. 86.

CHAPITRE III

De la liberté du commerce intérieur et extérieur des céréales pendant la seconde moitié du XVIIIe siècle.

Les discussions sur la liberté du commerce des grains entre les économistes, la Royauté et le Parlement; les célèbres édits de 1763 et de 1764; les doctrines de Turgot et les actes de son ministère; les doctrines et les actes du ministre Necker; la révolution de 1789, et les lois de la période révolutionnaire : voilà en quelques mots les points principaux qui s'offrent à nos recherches, les progrès de la pensée, les faits politiques qui exercèrent le plus d'influence sur la législation que nous étudions.

SECTION Ire. — *Controverses entre les physiocrates, la Royauté et le Parlement, au sujet de la liberté du commerce des céréales.* — *Edits de* 1763 *et* 1764. — *Arrêt de* 1770.

Après la chute du *système*, l'activité des esprits se reporta vers la propriété foncière, vers la culture du sol.

Quesnay, qui avait vécu longtemps dans la campagne, et qui avait été frappé de la triste condition des hommes voués aux travaux agricoles et de l'importance de ces travaux pour la société, jetait avec une grande précision les bases d'une science jusqu'alors à peine entrevue. Cette science eut bientôt de nombreux adeptes.

Le fondateur de la *science nouvelle* ne réclamait pour l'agriculture aucun privilège, aucun monopole. Il se bornait à protester contre l'oppression qu'on lui faisait subir, et à opposer la puissance salutaire de la liberté aux funestes effets des prohibitions et des règlements.

En 1756-1757, Quesnay publiait, dans l'*Encyclopédie*, les articles *fermiers* et *Grains*, qui furent bientôt suivis du fameux *Tableau économique*.

C'est surtout dans ses *Maximes générales du Gouvernement économique d'un royaume agricole* que la pensée dominante de Quesnay se révèle le mieux ; or, au nombre de ces maximes se trouvait celle-ci :

« Qu'on maintienne l'entière liberté du commerce, car la police du commerce intérieur et extérieur la plus sûre, la plus exacte, la plus profitable à la nation, consiste dans la pleine liberté de la concurrence » (1).

Dans son article sur les grains, Quesnay avait conseillé au gouvernement, comme mesures favorables à la prospérité du royaume et à l'accroissement des revenus des biens fonds, l'activité du commerce dans les provinces où les denrées étaient tombées en non-valeur, la suppression des prohibitions et des empêchements préjudiciables au commerce intérieur et extérieur, l'abolition ou la modération des droits excessifs de rivière et de péage.

Il insistait aussi sur le nécessité d'affranchir le commerce des défenses et des permissions passagères et arbitraires; de réparer les voies de communication.

« Les progrès du commerce et de l'agriculture, disait-il, marchent ensemble, et l'exportation n'enlève jamais qu'un superflu qui n'existerait pas sans elle, et qui entretient toujours l'abondance » (2).

Les doctrines économiques du médecin de Louis XV, de celui que le monarque appelait *son penseur,* reçurent une éclatante consécration dans la déclaration du 25 mai 1763 et dans l'édit de juillet 1764 : « Persuadé, porte le préambule de la déclaration de 1763, que rien n'est plus propre à arrêter les inconvénients du monopole qu'une concurrence libre et

(1) *Physiocrates*, 1re part., t. 2, p. 101, édit. Guillaumin. — Le *Tableau économique* parut dans le mois de décembre 1758. Cette œuvre comprenait, selon Forbonnais (*Principes et Observ. économ.*, t. 1, p. 161 et suiv.) : 1o la *Table arithmétique*: 2o l'Extrait des *Economies royales* de Sully, contenant les *Maximes générales du Gouvernement économique d'un Royaume agricole*. — Les *Maximes* ont été réimprimées deux ans après environ.

(2) *Loc. cit.*, p. 295 et suiv.

entière dans le commerce des denrées, nous avons cru devoir restreindre la rigueur des règlements précédemment rendus, pour encourager les cultivateurs dans leurs travaux. »

Cette déclaration permettait à tous les sujets, de quelque qualité et condition qu'ils fussent, même nobles ou privilégiés, de faire, ainsi que bon leur semblerait, le commerce des grains dans l'intérieur du royaume, et de former des magasins, *sans qu'ils pussent être inquiétés ni astreints à aucune formalité* (1); de transporter aussi d'une province dans une autre toute espèce de grains et denrées, sans être obligés de faire aucune déclaration, ni prendre aucun congé ou permission (2); enfin elle défendait à tous ceux qui possédaient des droits de péage, passage, pontonnage ou travers, d'exiger aucun desdits droits sur les grains, farines et légumes qui circuleraient dans le royaume (3).

Lorsque cette déclaration fut présentée au Parlement, le premier avocat général, Joly de Fleury, dans un discours du 5 juillet 1763, s'éleva avec force contre les doctrines publiées dans les écrits des physiocrates, et avoua même qu'il avait été sur le point de déférer au Parlement la petite brochure intitulée : *Réflexions sur la Police des Grains*. Joly de Fleury loua la sagesse des anciennes lois, protesta contre la disposition de l'art. 1er de la déclaration de 1763, qui permettait à toutes personnes indistinctement de faire le commerce des grains, et requit que l'on exclût de cette liberté tous ceux qui en avaient été exceptés par les ordonnances précédentes. Joly de Fleury voulait que l'on maintînt la déclaration de 1723, qui défendait de vendre dans les greniers, et qui ordonnait de porter les grains aux marchés, tout en contenant ceux qui feraient exécuter cette déclaration avec trop de rigueur et sans discernement. Il voulait que les magasins fussent toujours déclarés, *sous la main des officiers de police*, et que les sociétés pour le commerce des grains ne demeurassent pas secrètes.

(1) Art. 1er. — (2) Art. 2. — (3) Art. 3.

Il approuvait cependant la disposition de l'art. 2, qui favorisait la libre circulation des denrées dans l'intérieur du royaume. Puis il terminait en proposant à la Cour d'arrêter, avant de procéder à l'enregistrement de la déclaration, qu'on supplierait le roi de réunir dans une seule déclaration nouvelle les dispositions des anciennes ordonnances sur la matière (1).

Ce discours faisait pressentir la vive contradiction que la déclaration de 1763 devait éprouver au sein du Parlement. Elle ne fut enregistrée que le 22 décembre. « Essayons-en, disait le rapporteur, l'abbé Terray ; si, comme il y a tout lieu de le craindre, l'expérience prouve les inconvénients de cette nouvelle législation, on reviendra aux anciennes lois » (2). Malgré ces résistances, les doctrines des *économistes* obtinrent bientôt un second succès. L'année suivante l'édit de juillet, donné à Compiègne, était envoyé au Parlement et enregistré le 19 juillet 1764. « Après avoir pris les avis des personnes les plus éclairées en ce genre, disait le roi dans le préambule de cet édit, et en avoir mûrement délibéré en notre Conseil, nous avons cru devoir déférer aux instances qui nous ont été faites pour la libre exportation et importation des grains et farines, comme propre à animer et à étendre la culture des terres, dont le produit est la source la plus réelle et la plus sûre des richesses d'un Etat ; à entretenir l'abondance par les magasins et l'entrée des bleds étrangers ; à empêcher que les grains ne soient à un prix qui décourage le cultivateur ; à écarter le monopole par l'exclusion sans retour de toutes les permissions particulières, et par la libre et entière concurrence dans ce commerce ; *entretenir, enfin, entre les différentes nations cette communication d'échanges du superflu avec le nécessaire, si conforme à l'ordre établi par la divine Providence et aux vues d'humanité qui doivent animer tous*

(1) Voy. ce discours dans le *Recueil des principales Lois relatives au Commerce des Grains*, p. 35 et suiv.

(2) Recueil cité, p. 57.

les souverains. Nous avons reconnu qu'il était digne de nos soins continuels pour le bonheur de nos peuples, et de notre justice pour les propriétaires des terres et pour les fermiers, de leur accorder une liberté qu'ils désirent avec tant d'empressement ; et nous avons même cru devoir mettre, par une loi solennelle et perpétuelle, les marchands et négociants à l'abri de toute crainte de retour aux lois prohibitives. Mais, pour ne laisser aucune inquiétude à ceux qui ne sentiraient pas encore assez les avantages que doit procurer la liberté d'un tel commerce, il nous a paru nécessaire de fixer un prix au grain au-delà duquel toute exportation hors du royaume en serait interdite dès que le bled serait monté à ce prix ; et comme nous ne devons négliger aucune occasion d'exciter l'industrie, nous avons résolu de favoriser en même temps la navigation française en assurant aux vaisseaux et aux équipages français, exclusivement à tous autres, le transport des grains exportés. »

L'édit de 1764 consacra de nouveau les dispositions de la déclaration de 1763 relatives au libre transport des grains dans le royaume, à la faculté de former des magasins, à la permission accordée à tous les sujets indistinctement de faire le commerce de toute espèce de grains, légumes et farines, graines et grenailles, sans être astreints à aucune formalité ni assujettis à aucune imposition (1).

L'exportation hors du royaume fut permise, mais avec les restrictions suivantes : elle devait être suspendue de plein droit dans le lieu ou port de la frontière dans lesquels le prix des grains serait porté à la somme de 12 livres 10 sols le quintal, et lorsque ce prix se serait soutenu dans le même lieu pendant trois marchés consécutifs (2). La faculté d'exportation ne pouvait plus recommencer qu'en vertu d'une délibération du Conseil.

On fixa provisoirement les ports par lesquels l'exportation

(1) Art. 1er et 2. — (2) Art. 6.

se ferait ; elle ne devait être opérée que par des navires français, dont le capitaine et les deux tiers au moins de l'équipage devaient être Français, sous peine de confiscation (1).

L'importation fut autorisée sur toute espèce de vaisseaux, moyennant un droit de 1 p. 0/0 sur le blé, et de 3 p. 0/0 sur les seigles, menus grains, graines, grenailles, farines et légumes. Ces denrées devaient payer un droit de 1/2 p. 0/0 à la sortie (2).

Enfin, il était permis à tout étranger ou régnicole de faire entrer toute espèce de grains dans le royaume et de laisser en entrepôt : les blés un an, et les menus grains six mois (3).

Les deux actes de 1763 et de 1764, que nous venons d'analyser, furent suivis d'un grand nombre d'écrits dans lesquels on défendait soit l'ancienne, soit la nouvelle législation.

Les récoltes de 1766 et de 1767 avaient été peu abondantes (4), et, dès le 22 décembre 1767, le Parlement chargeait son premier président de se rendre auprès du roi et de le supplier de vouloir bien prendre des mesures pour faciliter la subsistance du peuple.

Pendant l'année 1768 il ne se passait pas de mois sans que le Parlement ne fît des représentations au roi, et ne chargeât son premier président d'employer auprès du monarque *ses bons offices* (5). Le 3 mai, le roi répondait : « Les principes qui forment la base de ma déclaration du 25 mai 1763 et de mon édit du mois de juillet 1764, ont été si souvent discutés et sont si constants, que je veux maintenir l'exécution de ces deux lois. Mon Parlement doit se pénétrer de plus en plus de leur utilité et concourir en conséquence à mes vues, en les faisant observer exactement » (6).

---

(1) Art. 1er. — (2) Art. 5 et 7. — (3) Art. 8.

(4) Voy. le discours du premier président Daligre, *Recueil des principales Lois relatives au Commerce des Grains*, p. 165.

(5) Voy. Recueil précité, p. 65 et suiv. — (6) *Loc. cit.*, p. 69.

Le 20 octobre 1768, nouvelles représentations du Parlement; le 23 octobre, le Parlement supplie le roi de peser avec l'attention la plus scrupuleuse s'il est prudent de permettre que l'on prolonge encore *des essais hasardeux* déjà condamnés en quelque sorte par l'expérience, dont les lumières sont bien plus sûres que les *fausses lueurs de spéculations incertaines* (1). Le roi répond : « J'ai pris les moyens les plus efficaces pour fixer l'abondance dans les marchés et pour faire cesser, autant qu'il est possible, une cherté occasionnée d'abord par les circonstances de la saison, accrue ensuite par les craintes du public. *Les secours auraient pu être plus prompts, mais ils eussent été moins durables* » (2).

Le 10 novembre de la même année, le roi donnait des lettres patentes qui ordonnaient que, par la cour du Parlement, il serait informé et procédé contre ceux qui, de dessein prémédité, auraient causé le renchérissement des grains par quelque manœuvre que ce fût, ainsi que contre ceux qui, méchamment, auraient semé ou accrédité les bruits de ces manœuvres par des propos ou des écrits (3). Ces mêmes lettres prescrivent qu'il soit avisé par ladite cour aux moyens d'établir la pleine et entière exécution de la déclaration du 25 mai 1763. Dans l'exposé qui précède ces lettres patentes, le roi insiste de nouveau sur l'efficacité des principes qui forment la base de la législation nouvelle : « Nous avons jugé ne pouvoir rien faire de plus utile pour le bien de nos sujets que d'établir la liberté et la concurrence la plus entière et la plus absolue, convaincu que cette liberté était le moyen le plus sûr de leur assurer des secours dans leurs besoins, et en même temps d'arrêter les abus et les manœuvres qui pourraient être pratiqués dans ce commerce. » Le roi se plaint ensuite de ce que cette liberté n'a pu encore être établie entièrement par suite de craintes exagérées ; il se plaint de ce que la déclaration de 1763 est restée sans exécution dans plusieurs provinces, par la faute même de ceux qui étaient

(1) *Loc. cit.*, p. 76. — (2) *Loc. cit.*, p. 77. — (3) *Loc. cit.*, p. 78.

chargés de la faire exécuter. Le roi ajoute que les bruits d'accaparement qui se sont répandus ne sont que des rumeurs populaires, qui méritent d'autant moins de créance que toutes les recherches extra-judiciaires auxquelles on s'est livré n'ont amené aucun résultat. « Ces bruits nous ont paru dénués de vraisemblance, porte le même préambule, *tant à cause de l'immensité des fonds qui seraient nécessaires pour une spéculation aussi étendue*, que par l'impossibilité de la faire avec tout le secret qu'elle exigerait, *et par la difficulté de vaincre l'effet de la concurrence naturelle du commerce, qui tend toujours à porter la denrée dans le lieu où l'on est sûr de trouver le prix le plus considérable* (1).

Les lettres patentes du 10 novembre furent retirées, sur les nouvelles représentations du Parlement (2), et le 25 novembre 1768 le Parlement arrêtait qu'il serait tenu, le 28 du même mois, une assemblée générale de police, dans le but de chercher des remèdes à la cherté, de réunir les lumières, et de recueillir les vœux de toutes les compagnies et des divers ordres de citoyens (3).

Nous n'analyserons pas les différentes opinions qui se produisirent au sein de cette assemblée; le résumé de tous ces débats et l'opinion de la majorité se traduisirent en un projet de déclaration formulé par le président Lepelletier. Ce projet était ainsi conçu :

« 1° Qu'à l'avenir tous ceux qui voudront faire le trafic des grains, en acheter et en revendre, seront tenus de déclarer au greffe des juridictions, où ils exerceront leur commerce, leurs noms, demeures et domiciles; les noms, demeures et domiciles de leurs associés, et les lieux où ils tiennent leurs magasins, ainsi que les lieux où ils font transporter les bleds qu'ils enlèvent, lesquelles déclarations seront reçues sans frais;

« 2° Que les achats et ventes de grains par les trafiquants se

(1) *Loc. cit.*, p. 80. — (2) *Loc. cit.*, p. 90 et suiv. — (3) Voy. dans le Recueil précité la composition de cette assemblée, p. 94 et suiv.

feront dans les marchés publics, et que les officiers de police seront autorisés à obliger, en cas de nécessité, ceux qui tiennent des magasins dans leur territoire, à faire apporter une quantité suffisante de grains aux marchés, le tout sous les peines portées par les ordonnances ;

« 3° Que les marchés seront ouverts pour la vente suivant les heures réglées par les ordonnances ; en conséquence, qu'il y aura un premier temps pour les bourgeois et habitants, un second pour les boulangers exclusivement aux marchands, et un troisième et dernier pour les commerçants de grains ;

« 4° Que l'exportation des grains et farines sera suspendue jusqu'à ce qu'on soit plus précisément instruit qu'il y a dans le royaume plus de grains qu'il n'en faut pour assurer plus d'une année la subsistance de ses habitants, et à quel taux l'exportation peut être permise sans danger ; en conséquence, que provisoirement toute traite foraine sera interdite pendant une année » (1).

Dans le discours qui précède ce projet, le président Lepelletier, abandonnant le langage sévère et modéré qui seul convient à la discussion de matières aussi graves, s'exprimait ainsi au sujet des doctrines physiocratiques : « Une foule d'écrivains, sans pouvoir et sans mission pour exprimer le vœu public, avaient prétendu en être les organes en vantant les systèmes les plus outrés sur cette matière......................
Les conséquences les plus funestes n'avaient point effrayé ces écrivains éblouis par les fausses lueurs de leur imagination, ou peut-être *corrompus* (2) pour colorer par des raisons spé-

(1) Recueil précité, p. 232 et suiv.

(2) On a bien pu reprocher aux *économistes* leur enthousiasme pour le fondateur, leur ardeur à défendre leurs dogmes, rectifier plusieurs erreurs de leur système; mais l'histoire a fait justice de l'épithète par laquelle Lepelletier cherchait à faire planer sur eux d'injustes soupçons, et a rendu à leur caractère un hommage mérité : « Ce que personne n'a refusé aux économistes, dit J.-B. Say, et ce qui suffit pour leur donner des droits à la reconnaissance et à l'estime générale, c'est que leurs écrits ont tous été favorables à la plus sévère morale et à la liberté que chaque homme doit avoir de disposer à son gré de sa personne, de ses talents et de ses

cieuses un système propre à favoriser des gains aussi énormes qu'illégitimes. » Puis, faisant allusion à l'écrit de l'abbé Baudeau, Lepelletier qualifiait de la manière la plus dure les doctrines de cet économiste dont le système *inhumain était l'ouvrage d'un homme qui, renonçant à sa patrie, avait sans doute en même temps abdiqué tout sentiment de citoyen* (1).

Le discours de l'avocat général Séguier contenait aussi une protestation non moins violente contre les nouvelles doctrines : « Il s'est élevé au milieu de la France une secte particulière ; elle a prétendu avoir toutes les connaissances en partage ; ses partisans se sont érigés en précepteurs du genre humain ; ils ont enseigné les nations ; les prosélytes se sont multipliés : leur but était de changer les mœurs, et la révolution s'est pour ainsi dire opérée ; ils ont crié à la liberté, et le nom de liberté a réduit tout d'une extrémité du royaume à l'autre : les sciences, les arts, le commerce et l'agriculture elle-même ont vu leurs antiques fondements renversés ; la nation s'est en quelque sorte métamorphosée.................. La plus grande liberté dans le commerce des grains est devenue le vœu général » (2).

Le projet de déclaration du président Lepelletier, que nous avons rapporté plus haut, fut soumis au roi le 11 décembre 1768, à la suite de nouvelles représentations du Parlement arrêtées le 2 du même mois.

Le roi répondait :

« Mes lois de 1763 et 1764, sur la libre circulation des grains,

---

biens, liberté sans laquelle le bonheur individuel et la prospérité publique sont des mots vides de sens. Je ne crois pas qu'on puisse compter parmi eux un homme de mauvaise foi ni un mauvais citoyen. » (*Traité d'Econ. polit.*, disc. prél., p. 26, 6e édit.) — « Ce qui distinguait par-dessus tout cette généreuse famille d'amis du genre humain, dit aussi M. Blanqui, c'était la probité admirable de chacun de ses membres et leur désintéressement sincère en toute chose. Ils ne recherchaient point l'éclat et le bruit; ils n'attaquaient aucun des pouvoirs établis, et ils n'aspiraient point à devenir populaires, quoiqu'ils fussent animés d'une profonde sympathie pour le peuple; c'étaient de véritables philanthropes, dans la plus noble acception de ce mot. » (*Hist. de l'Econ. polit.*, t. 2, p. 94.)

(1) Recueil précité, p. 224. — (2) *Loc. cit.*, p. 113.

ont été applaudies par mon Parlement et reçues avec reconnaissance par mes différentes cours. La cherté du bled dans ma bonne ville de Paris a produit un changement dans vos opinions. Vous auriez dû cependant remarquer que, malgré l'exportation, l'abondance s'était assez constamment soutenue dans les marchés ; preuve que l'exportation n'était pas la cause de l'augmentation du prix. — Cette augmentation est l'effet des craintes inspirées par les mauvaises saisons, des inquiétudes des esprits faibles ou prévenus, des artifices des gens intéressés ou mal intentionnés, de l'aisance même des laboureurs, cette portion si précieuse de mes sujets. — Les précautions que j'ai prises ont déjà produit une diminution marquée, et j'ai lieu d'attendre qu'elle deviendra de jour en jour plus sensible. D'après ces considérations, je ne juge pas à propos de changer une loi en matière aussi délicate, surtout au moment où l'exportation est suspendue par la loi elle-même qui l'autorise. — Ce changement ne produirait aucun bien, et pourrait, à l'avenir, être nuisible à mes intérêts » (1).

Le 20 janvier 1769, c'est-à-dire le mois suivant, le Parlement rendait un arrêt par lequel il ordonnait, par provision, que celui qui voudrait jouir de la liberté de faire le commerce des grains et farines accordée par les édits et déclarations, serait tenu de déclarer et faire inscrire au greffe des juridictions ordinaires des lieux où il exercerait ce commerce, son nom, ses qualité, demeure et domicile, ensemble les noms, qualités, demeures et domiciles de ses associés ou commettants, et de tenir en bonne et due forme un registre d'achat et de vente des grains ou farines dont il ferait le commerce, le tout à peine de faux (2).

Cet acte fut cassé par arrêt du Conseil en date du 22 janvier 1769, comme contenant *une affectation d'expressions tendantes à intéresser le peuple, à échauffer les esprits, et à augmenter les inquiétudes sur le présent et sur l'avenir,* et comme

(1) Recueil précité, p. 261. — (2) *Loc. cit.*, p. 263 et suiv.

renfermant une atteinte au pouvoir législatif dont le roi était investi (1).

Le 23 janvier 1769, le roi mandait à Versailles le premier président, d'autres présidents du Parlement, ainsi que les gens du roi, et leur disait : « Je défends à mon Parlement et à mon procureur général de donner aucune suite à la partie de votre arrêt du 20 janvier que j'ai cassée » (2).

Pendant que la controverse entre la royauté et le Parlement existait ainsi de plus en plus vive, de plus en plus irritante, l'école physiocratique, de son côté, continuait à éclairer les esprits et cherchait à conquérir de nouveaux adeptes à la doctrine de la liberté du commerce des grains.

Tandis que le Parlement insistait pour faire inscrire dans les lois les anciennes restrictions, les physiocrates voulaient supprimer les dernières entraves que la nouvelle législation renfermait encore.

Il n'est peut-être pas inutile de résumer ici les principales doctrines de cette école sur le sujet qui nous occupe :

Selon les *économistes,* le prix des grains est la mesure certaine de la proportion entre la récolte et la consommation annuelle. Le prix *naturel* ne peut être fixé : tout ce que l'on peut dire, c'est que ce prix est *celui qui dans chaque circonstance donnée est le résultat de la proportion la plus étendue possible entre la quantité existante des denrées et la consommation, entre les offres et la demande ;* mais on ne peut obtenir cette proportion que par un commerce entièrement libre.

La liberté d'exporter et d'importer procure surtout, selon les physiocrates, cet avantage de faire participer au prix du marché général, d'étendre la proportion entre la quantité des denrées et la consommation, d'ouvrir au commerce le champ le plus vaste, d'établir la plus grande concurrence.

Si la sortie, disaient-ils, multiplie la demande à l'avantage des producteurs, l'entrée multiplie l'offre et réduit le prix au

(1) *Loc. cit.*, p. 266 et suiv. — (2) *Loc. cit.*, p. 265.

vrai taux de la concurrence. C'est ce prix seul qui est le plus avantageux en toute circonstance.

Si la liberté, comme on en convient, est de l'essence de tout autre commerce, le commerce des grains doit jouir de la plus grande liberté, puisqu'il est le plus important de tous.

C'est la liberté qui réprime tout projet de manœuvres et qui détruit toute possibilité de monopole et de malversation.

On a déjà senti, ajoutaient-ils, l'avantage qui résulte de la suppression des barrières entre les provinces ; il faut faire un pas de plus et supprimer les obstacles qui empêchent le royaume de communiquer librement avec les autres nations. Cette libre communication est, d'ailleurs, conforme aux vues de la Providence.

Il n'est pas à craindre que le commerce puisse jamais, par ses exportations, nuire à l'approvisionnement de la nation. L'exportation ne peut enlever qu'une partie de l'excédant. Le niveau des prix et des frais de transport suffiront toujours pour l'arrêter à temps. L'exportation et l'importation concourront habituellement. L'exemple de ce qui s'est passé depuis le mois d'octobre 1764 jusqu'au mois d'octobre 1767 doit, d'ailleurs, rassurer : dans cet espace de temps il est sorti de France 2,433,460 setiers. L'importation ayant été pendant le même temps de 795,385 setiers, l'effet de l'exportation se réduit à 1,638,075 setiers qui, divisés par trois, donnent pour moyenne proportionnelle de chaque année 546,025 setiers (1).

L'exportation permise seulement en temps de surabondance imprime au commerce un mouvement de secousse et de convulsion toujours fâcheux. Chacun s'empresse de vendre, de

(1) *Extrait des Registres des Fermes tenus pour la perception des droits d'entrée et de sortie des grains et farines.* — Voy. cet état dans la brochure intitulée : *Faits qui ont influé sur la cherté des Grains en France et en Angleterre*, p. 36.

Il faut cependant dire que le commerce n'avait pas encore toute son activité. L'exclusion des étrangers pour la navigation avait aussi contribué à restreindre l'exportation. Enfin le port de Nantes avait été fermé depuis le mois de novembre 1766.

crainte que la permission ne soit retirée. L'étranger en profite. Les lieux des débouchés se dégarnissent. La cherté survient, et l'étranger vend ensuite à un prix élevé, à la France, ce qu'il lui avait acheté au plus bas prix.

Les agents intermédiaires sont absolument nécessaires au commerce, et comme la liberté seule peut les multiplier, on doit supprimer toutes les gênes, toutes les formalités, les déclarations, les précautions humiliantes auxquelles on les a trop longtemps soumis.

Les physiocrates, après avoir cherché à démontrer ce que les lois prohibitives avaient de contraire à l'*ordre naturel, qui prescrit la liberté des échanges, laquelle liberté dérive elle-même de la grande loi de la propriété, la première loi et la gardienne de toutes les autres,* expliquaient ensuite comment les lois restrictives et prohibitives sur le commerce des grains portaient atteinte à la *liberté personnelle,* qu'ils appelaient *la première propriété;* à la propriété mobilière dans la personne du commerçant et du premier propriétaire des denrées; et, enfin, à la propriété foncière. Puis, posant en principe que dans une société bien réglée on ne doit pas sacrifier les intérêts d'une classe de citoyens à ceux d'une autre classe, ils s'efforçaient d'établir que la liberté du commerce seule était favorable à tous. Non-seulement, disaient-ils, cette liberté est utile aux propriétaires, mais les lois prohibitives, en voulant favoriser les consommateurs, vont contre leur but : car, en appauvrissant la culture, elles diminuent la quantité des productions et préparent les disettes; en mettant des entraves au commerce, elles empêchent de multiplier les magasins, de compenser l'inégalité des récoltes, et d'établir le niveau des prix par la communication.

Elles favorisent alternativement les propriétaires de grains et les consommateurs, mais *en raison inverse de leur intérêt présent.*

Enfin, ils soutenaient que, sous le régime des prohibitions les salaires ne pouvaient pas être en proportion avec le prix des subsistances, et que cette proportion tant désirée aurait lieu si la loi consacrait une liberté entière et permanente.

La plupart de ces raisonnements ont trouvé plus d'un écho parmi les économistes modernes.

Il restait à répondre à une dernière objection faite soit au sein de l'assemblée générale de police, soit dans les écrits publiés sur la matière : on vivait depuis quatre ans sous l'empire de la nouvelle législation ; or, le prix des grains avait augmenté et n'était pas le même dans toutes les localités.

Mais, disaient les physiocrates, le prix actuel (1768) a pour cause la mauvaise récolte de 1767. Tout ce qu'on peut demander à la liberté, c'est qu'en soutenant les prix à un taux favorable dans les années d'abondance, elle supprime l'une des grandes causes de disette, et certainement la plus redoutable, l'anéantissement des avances et l'appauvrissement de la culture.

La liberté, loin d'avoir été une cause de cherté, a certainement contribué à réduire le prix. Si la déclaration de 1763 n'avait pas été donnée, les cultivateurs auraient succombé sous le poids de l'abondance des deux récoltes précédentes : ils auraient été réduits à prodiguer aux bestiaux une grande quantité de grains. Le prix favorable qu'ils ont obtenu les a mis en état de supporter les mauvaises récoltes de 1765 et de 1767 ; et si la liberté a laissé subsister une trop grande inégalité de prix entre les provinces, c'est que le commerce n'a pas encore reçu tous ses développements, c'est que la liberté n'est pas encore aussi entière, aussi complète qu'elle devrait l'être.

Non-seulement elle trouve beaucoup d'opposition dans les préjugés qui subsistent, et qui sont entretenus dans plusieurs villes par ceux mêmes qui sont chargés de faire exécuter les lois, mais les lois elles-mêmes renferment des restrictions que l'on doit faire disparaître. Ainsi, quoique la liberté soit annoncée absolue par la déclaration de 1763, il reste encore une foule d'entraves particulières et de gênes locales qui interrompent la communication et qui élèvent les frais de la vente des grains, de la farine et du pain.

L'édit de 1764 lui-même renferme plusieurs restrictions à la liberté de la sortie. La première est l'exclusion des étrangers pour le transport des grains. Il en est de même de la disposition de l'article 6, d'après laquelle l'exportation est arrêtée de plein droit dans le lieu où le prix s'élève à 12 livres 10 sous, et n'est rétablie que *par des ordres du Conseil.* Cette disposition rend la liberté de l'exportation précaire et subordonnée à des évènements qu'on ne peut prévoir. Elle a pour effet d'arrêter le commerce avant le moment où le prix s'élève au taux fixé pour la prohibition. Elle nuit également à l'importation : quand le prix, dans un port, approche de ce taux, l'appât du gain engagerait les étrangers à faire des importations ; mais ils en sont éloignés par la crainte que le port venant à se fermer, ils ne soient obligés d'y vendre à perte si le prix baisse, et par l'incertitude dans laquelle ils se trouvent quant au moment où la liberté d'exportation sera rétablie par les ordres du gouvernement. Enfin, la disposition qui assigne pour terme à la sortie le prix de 12 livres 10 sous est une superfétation, car, à ce taux, le commerce s'arrêterait de lui-même par l'impossibilité de porter au loin avec gain une marchandise d'un si grand volume, et dont le transport est partant si coûteux.

Tels étaient, en résumé, les principaux raisonnements par lesquels les économistes essayaient de faire triompher leur système (1). « Que tout le monde se joigne à nous, disait Letrosne, pour supplier le souverain de favoriser l'établissement du prix le plus avantageux, par le moyen de la concurrence la plus entière et de la liberté indéfinie pour l'entrée et pour la sortie, et de supprimer dans l'intérieur toutes les gênes qui grèvent le commerce et tous les droits qui se perçoivent, à quelque titre que ce soit, sur le blé, la farine et le

(1) Voy. notamment : *Principes sur la liberté du Commerce des Grains*, par Abeille ; *Lettres sur le Commerce des Grains*, par le marquis de Mirabeau, l'auteur de l'*Ami des Hommes* ; et surtout *Lettres à un ami sur les avantages de la liberté du Commerce des Grains et le danger des prohibitions*, par Letrosne.

pain, de manière que le commerce de la première denrée ne soit plus désormais gouverné que par ces deux maximes si simples, si conformes à l'ordre, si faciles à mettre en pratique : *Laissez faire* et *laissez passer* » (1).

La doctrine de la pleine liberté blessait trop de prétentions, trop de préjugés, pour n'être pas en butte aux attaques des traitants, des fermiers des revenus et de leurs préposés, des hommes d'Etat et des premiers commis, en un mot, de tous ceux dont elle blessait l'orgueil ou froissait les intérêts. Quelques voix seulement avaient défendu les doctrines de l'école physiocratique lors de la solennelle discussion de l'assemblée générale de police de 1768 (2).

On se rappelle aussi quel fut le résultat de ces débats et l'attitude du Parlement vis-à-vis de la royauté.

Plusieurs autres Parlements, les Parlements de Bretagne, de Grenoble et de Toulouse, s'étaient cependant ralliés aux nouveaux principes. Dans sa lettre de félicitation, adressée au roi le 11 août 1764, à l'occasion de l'édit qui permettait l'exportation, le Parlement de Toulouse s'exprimait ainsi : « Nous avons vu plus d'une fois des laboureurs, opprimés du poids des denrées que la défense d'exporter accumulait dans leurs greniers, murmurer de l'abondance des récoltes, reprocher à la terre sa fécondité, et, dans l'impuissance de payer les tributs et de fournir aux besoins que l'argent peut satisfaire, invoquer la disette pour retrouver dans le malheur de leurs concitoyens la ressource que des actes arbitraires leur avaient ôtée chez l'étranger. Nous avons vu des permissions furtives et clandestines d'exporter les blés, achetées du crédit ou de la corruption, causer les abus les plus criants et les plus odieux. »

Dans son arrêté du 8 juillet 1768, le Parlement de Grenoble

---

(1) Ouvrage précité, p. 167 et suiv.

(2) Voy. cependant le discours du conseiller de Chavannes, qui se montra le sincère partisan du principe de la liberté. — *Recueil des principales Lois relatives au Commerce des Grains*, p. 207 et suiv.

disait : « La terre, frappée de stérilité pendant trois ans consécutifs, présentait au Dauphiné la perspective la plus effrayante ; cependant tous les marchés de cette province ont toujours été abondamment pourvus de grains qui se sont soutenus à un prix inférieur à celui où on les avait vus sous le règne des prohibitions et des permissions particulières, dans des années où les récoltes n'avaient pas été si mauvaises, et pendant lesquelles l'espèce même manquait dès la première année ou était d'une rareté qui équivalait à une véritable disette : une différence aussi étonnante forme en faveur des avantages de la liberté une démonstration sans réplique » (1).

Les mauvaises récoltes des années 1769 et 1770, et peut-être d'autres motifs encore, firent bientôt dévier le roi des principes qui avaient été proclamés en 1763 et par l'édit de 1764. Cette dernière loi, qui, selon le préambule, devait être *perpétuelle et irrévocable*, fut abrogée par l'arrêt du Conseil du 14 juillet 1770. La sortie des grains du royaume fut interdite. Un autre arrêt du 23 décembre de la même année con-

(1) La lettre écrite au contrôleur général, le 13 juin 1768, au nom du même Parlement, par le premier président de Bérulle, à l'occasion de la déclaration du 25 mai 1763 et de l'édit de 1764, porte ce qui suit : « Avant que la liberté de la circulation des grains fût introduite, les marchés de la province, dépourvus de cette denrée nécessaire dès la première année de stérilité, parce que nul autre n'osait lui en offrir, n'offraient de subsistance qu'aux citoyens aisés qui se trouvaient en état de donner un prix excesssif du peu qui s'y rencontrait, au lieu que trois récoltes des plus mauvaises que l'on ait eu depuis bien longtemps en Dauphiné, l'ayant successivement désolé depuis cette époque, l'abondance des grains n'en a pas moins subsisté constamment dans tous nos marchés, sans exception d'un seul, et à un prix très inférieur à celui qu'on les payait auparavant dans les temps de disette. Ajouterons-nous encore qu'une foule de bras inutiles, et qui laissaient précédemment une partie de leurs terres incultes dans différents cantons de cette province, parce qu'ils n'attendaient alors d'autres fruits de leurs travaux qu'une subsistance superflue dans des temps d'abondance et une ressource insuffisante dans ceux de calamité, s'occupent à présent, à l'envi les uns des autres, de cultiver leurs champs, par l'appât du profit qu'ils sont toujours certains d'en retirer. » — Cette lettre se trouve à la fin de l'opuscule intitulé : *Principes sur la liberté du Commerce des Grains*, par Abeille, p. 160.

sacra de nouveau les dispositions de la déclaration de 1699. Ceux qui voulurent se livrer au commerce des grains furent astreints à donner leurs noms, prénoms, demeures, ceux de leurs associés, et le lieu de leurs magasins, sous peine de confiscation.

SECTION II. — *Actes du ministère de Turgot.*

Les mesures restrictives que nous avons vues, sous la section précédente, consacrées par le dernier état de la législation, ne tardèrent pas à être critiquées et habilement discutées par l'un des plus remarquables disciples de l'école physiocratique, par l'illustre Turgot.

Partisan des doctrines de cette école, principalement en tout ce qui concernait l'impôt territorial et la liberté du commerce des grains, homme d'une moralité sévère, d'un désintéressement admirable, Turgot dévouait, depuis dix ans environ, son existence au bien public, dans la triste et pauvre généralité de Limoges, où il faisait tous ses efforts pour maintenir la liberté du commerce des céréales, décrétée par la législation de 1763 et 1764, assurer aux pauvres du travail, et contraindre l'égoïsme à alléger les souffrances des masses par une équitable interprétation des conventions.

Dans une lettre datée de Limoges (1er janvier 1771), et adressée à M. Caillard, Turgot écrivait ce qui suit : « Je viens d'écrire cent cinquante pages in-4°, d'écriture très-fine, sur la question du commerce des grains (1), pour convertir, si je puis, le contrôleur général. Je n'ai pas dit le quart de ce que j'aurais dit si j'avais eu du temps. J'ai bien peur d'avoir perdu tout celui que j'y ai mis ; mais peut-être retravaillerai-je tout cela pour le rendre digne d'être présenté au public *dans des temps moins durs ;* car le gouvernement va devenir de plus en

(1) Les *Lettres sur la liberté du Commerce des Grains* se trouvent dans le t. 1er, p. 159 des Œuvres de Turgot, *Collect. des Princ. écon.*, édit. Guillaumin.

plus prohibitif en tout genre, et l'évènement du jour y contribuera. Le vizir triste remplace le vizir gai (1), et il paraît qu'on veut régner par la terreur et dans le silence. Je vois que M. de Félino est encore dans l'incertitude sur la plus claire des questions politiques ; son problème semble, en effet, présenter une difficulté. Il en trouvera la solution en rendant la difficulté plus forte : il n'a qu'à se demander *quel parti il faut prendre, par rapport à la liberté du commerce des grains, dans un pays qui ne produit que du vin ou des prairies*, comment ferait un duc du bas Limousin, par exemple. Le vice de tous les raisonnements prohibitifs et de tout le livre de l'abbé Galiani (2) est la supposition tacite qu'il s'agit de garder le blé qu'on a, tandis qu'au contraire il s'agit d'en faire venir qu'on n'a pas. La prohibition pourra remplir le premier but, je le veux. La liberté seule remplira le second » (3).

Trois ans et demi environ après la date de cette lettre, Turgot était appelé au ministère, apportant dans ses nouvelles

---

(1) D'Aiguillon avait succédé à Choiseul.

(2) L'ouvrage de Galiani auquel Turgot fait allusion, et qui est intitulé : *Dialogues sur le Commerce des Blés*, fut publié en 1770. Ce livre obtint un grand succès dû à l'esprit, aux idées fines, aux rapprochements inattendus, à l'originalité de l'expression que l'on trouve presque à chaque page. « Oh! le plaisant livre, disait Voltaire, le charmant livre que les *Dialogues sur le Commerce des Blés !* »

Galiani avait mis sa plume au service des adversaires de la libre exportation. Tout en combattant les doctrines économiques, on dirait vraiment qu'il se fait un système de rejeter tous les systèmes. Galiani vous échappe presque toujours au moment où vous pensez qu'il va conclure. Comme le dit spirituellement J.-B. Say, Galiani parle d'économie politique sur le ton de Tristram Shandy ; il met en avant quelques vérités, et lorsqu'on lui demande une preuve, il répond par une gambade.

Toutefois, il semble se résumer par ces deux principes : 1° ne permettre d'exportation que par les vaisseaux nationaux ; 2° mettre sur chaque setier de blé 50 sous à la sortie et 25 sous à l'entrée. — C'est vraiment *mons parturiens*, comme le disait l'abbé Morellet dans sa *Réfutation* publiée en 1770, ouvrage écrit avec du talent et de la logique, mais qui n'était pas un livre aussi *plaisant*, aussi *charmant* que celui de Galiani ; il fut peu lu. — Voy. les *Dialogues*, t. 15, Collection de Guillaumin. Ils sont accompagnés d'extraits de la Réfutation de Morellet.

(3) Œuvres de Turgot, t. 2, p. 818, édit. Guillaumin.

fonctions le même esprit de justice, la même philanthropie que dans son intendance de Limoges.

Il se mit à l'œuvre avec la ferme volonté de faire prévaloir les doctrines qui avaient été l'objet de ses profondes méditations, et avec toute la résolution d'un homme qui désire ardemment faire le bien.

Un arrêt du Conseil du 13 septembre 1774, revêtu des lettres patentes du 9 novembre 1774, enregistrées le 19 décembre suivant, remit bientôt en vigueur les principes de la déclaration de 1763. Cet arrêt est précédé d'un préambule qui renferme l'exposé des motifs qui l'ont dicté (1). Les principes de liberté, de concurrence et de libre communication entre les provinces y sont développés d'une manière remarquable. Les deux systèmes qui peuvent être appliqués à cette communication sont examinés avec le plus grand soin. Il faut voir avec quelle supériorité de vues Turgot fait ressortir tous les avantages de la liberté du commerce, et tous les inconvénients, tous les dangers de l'intervention de l'Etat. Nous ne pouvons résister au désir de citer ici le passage dans lequel, après avoir expliqué comment cette intervention amène le renchérissement des denrées par la cupidité de quelques-uns et par la crainte des autres, Turgot s'exprime ainsi : « C'est alors que les administrateurs, égarés par une inquiétude qui augmente encore celle des peuples, se livrent à des recherches effrayantes dans les maisons des citoyens, se permettent d'attenter à la liberté, à la propriété, à l'honneur des commerçants, des laboureurs, de tous ceux qu'ils soupçonnent de posséder des grains. Le commerce, vexé, outragé, dénoncé à la haine du peuple, fuit de plus en plus; la terreur monte à son comble, le renchérissement n'a plus de bornes, et toutes les mesures de l'administration sont rompues. »

Ces réflexions étaient basées sur l'expérience; l'histoire les avait sans doute suggérées à Turgot (2). Les mesures funestes

(1) Voy. ce préambule à l'Appendice, lettre A.

(2) Voy. le chapitre 6 de ce Précis.

et désastreuses que nous signalerons plus tard sont aussi venues les confirmer.

L'arrêt de 1774 se bornait à rétablir la liberté du commerce intérieur des grains et farines, en permettant à toutes personnes de faire ce commerce, ainsi que bon leur semblerait, dans l'intérieur du royaume; de vendre et d'acheter, en quelques lieux que ce fût, même hors des halles et marchés; de garder et voiturer les denrées, sans être astreintes à aucune formalité ni soumises à aucune prohibition.

Turgot avait bien compris que l'obligation imposée aux commerçants de faire inscrire sur les registres de la police leurs noms et demeures, le lieu de leurs magasins et leurs opérations, flétrissait et décourageait ces utiles intermédiaires par la défiance qu'elle supposait et par les soupçons qu'elle faisait naître.

Il ne lui avait pas échappé non plus que la défense de vendre ailleurs que dans les marchés était une cause de frais, de retard dans les opérations, et un obstacle à la circulation (1). Mais l'arrêt de 1774 ne rétablissait pas la liberté de l'exportation (2).

L'année suivante, la récolte avait été généralement abondante; les contrées méridionales de la France avaient été ravagées par une épizootie qui leur avait causé des pertes considérables. Les Etats du Languedoc et le Parlement de Toulouse réclamèrent la libre sortie des blés, afin de pouvoir tirer parti de leurs grains et réparer les désastres des années précédentes.

Il intervint, à la date du 10 février 1776, une déclaration qui renouvela, pour la province du Languedoc et autres du Parlement de Toulouse, et pour la province de Guyenne, les dispositions de l'édit de 1764 relatives à la liberté d'exportation.

(1) Voy. le préambule précité.

(2) L'art. 4 porte : « N'entendant Sa Majesté statuer quant à présent, et jusqu'à ce que les circonstances soient devenues plus favorables, sur la liberté de la vente hors du royaume. »

Cette déclaration fut enregistrée avec les modifications suivantes :

« Sera cependant le seigneur roi très humblement supplié de vouloir bien ôter les restrictions et les gênes que l'édit du mois de juillet 1764 avait imposées au commerce des grains, et ordonner que la sortie sera permise par les ports d'Agde et de la Novelle, qui n'ont pas été compris dans le nombre de ceux désignés dans cet édit.

« Sera également supplié ledit seigneur roi de considérer que la protection qu'il paraît vouloir accorder à l'importation et à l'exportation, *si nécessaires toutes deux au bonheur de ses sujets, dont l'une assure la subsistance, tandis que l'autre en ranime l'industrie,* ne saurait se concilier avec l'interdiction de vaisseaux étrangers pour exporter les blés nationaux; qu'il serait aussi digne de sa bonté de faire cesser la prohibition portée par l'édit, de continuer l'exportation par les ports ou lieux dans lesquels le blé aurait été porté, pendant trois marchés consécutifs, à la somme de 12 livres 12 sous par quintal; que si, par des vues que sa sagesse peut seule approfondir, Sa Majesté croyait devoir laisser subsister encore ces dispositions, elle voudra bien ordonner que la sortie reviendra libre dès que le prix aura éprouvé une diminution pendant trois marchés consécutifs, sans que dans ce cas il soit besoin de recourir aux formalités qui y sont prescrites » (1).

On sait à quelles déclamations les adversaires de Turgot se livrèrent au sujet de la déclaration dont nous venons de parler.

Cette déclaration, on vient de le voir, n'était cependant pas générale. Elle ne s'appliquait qu'à certaines contrées, et elle ne faisait que renouveler les dispositions de l'édit de 1764.

Quelques mois plus tard, — mais alors Turgot avait quitté le ministère, — par des lettres patentes du 25 mai 1776 et par une déclaration du mois de septembre de la même année, la sortie des grains à l'étranger eut lieu ou fut suspendue

(1) Isambert, *Rec. gén. des anc. Lois franç.*, vol. 23, p. 354.

d'elle-même, suivant que le prix des blés était au-dessous ou au-dessus de 12 livres 10 sous le quintal.

Nous n'insisterons pas sur différents autres actes du ministère de Turgot, qui complétèrent le régime de liberté qui venait d'être encore une fois inauguré en France (1).

Nous devons seulement dire quelques mots de la déclaration du 5 févrie 1776.

Cette déclaration formait l'un des six projets de loi énumérés dans le célèbre Mémoire au roi, du mois de janvier 1776 (2). Elle suivait le projet d'édit sur la suppression des corvées : « Je propose ensuite à Votre Majesté, disait Turgot, une déclaration pour abroger une foule d'anciens règlements sur la police des grains relativement à l'approvisionnement de Paris. Ces règlements, qu'on ne pourrait pas croire aussi absurdes qu'ils le sont si on ne les avait sous les yeux; qui le sont au point de ne pouvoir être exécutés; qui, s'ils étaient éxécutés, réduiraient Paris à n'avoir de subsistance que pour onze jours, sont cependant un obstacle qui rend impossible l'établissement du commerce de grains dans la ville de Paris, parce qu'ils sont un glaive toujours levé avec lequel les magistrats peuvent *frapper, ruiner, déshonorer à leur gré tout négociant*

(1) Un arrêt du 14 janvier 1775 permit l'introduction des grains nationaux dans la Provence, en passant par le port de Marseille.

Un autre arrêt du 22 avril de la même année suspendit dans plusieurs villes de la Bourgogne la perception de tous droits sur les grains et farines, tant à l'entrée des villes que sur les marchés, soit à titre d'octroi, soit sous la dénomination de minage, aunage, hallage ou autres. Cette disposition fut étendue à toutes les autres villes du royaume par l'arrêt du 3 juin suivant, à l'exception de Paris et de Marseille. — Voy., pour ces deux villes, la déclaration du 5 février 1776.

Enfin, un édit de juin 1775 ordonna la suppression d'offices de marchands privilégiés et porteurs de grains, et l'abolition du droit de banalité en la ville de Rouen. — On peut consulter le préambule de cet édit pour connaître l'organisation et les prérogatives de cette compagnie de marchands privilégiés et porteurs.

(2) Voy. ce Mémoire et le projet intitulé : *Suppression de la Police de Paris sur les Grains*, dans les Œuvres de Turgot, t. 2, p. 243, édit. Guillaumin. — On trouvera le préambule de la déclaration à l'Appendice lettre (*c*).

qui leur aurait déplu ou que les préjugés populaires leur aurait dénoncé. Ces règlements sont un titre pour autoriser les magistrats à faire, dans les temps de disette, parade de leur sollicitude paternelle, et à se donner pour les protecteurs du peuple en fouillant dans les maisons des laboureurs et des commerçants; enfin, *c'est une branche d'autorité toujours précieuse à ceux qui l'exercent.* »

Puis, Turgot terminait ainsi : « Il est absolument nécessaire de mettre sous les yeux du public le détail des règlements qu'on supprime, afin qu'il sache ce qu'on supprime et qu'il en connaisse l'absurdité. Tant que ces règlements resteraient dans l'obscurité, l'on ne manquerait pas de crier, comme on l'a fait dans maints et maints réquisitoires, *que ces règlements sont le fruit de la sagesse de nos pères* éclairés par l'expérience. Au lieu qu'il sera difficile de placer ces grands mots à côté du texte même des règlements fidèlement rapportés dans le préambule. »

La déclaration du 5 février 1776 abrogea tous ces règlements, sur lesquels les lettres patentes du 2 novembre 1774 avaient réservé de statuer, et que la déclaration de 1763 et l'édit de 1764 avaient laissé subsister *pour complaire aux principaux magistrats et au Parlement.*

Ainsi furent abrogés l'ordonnance de février 1415, l'arrêt de 1661, l'arrêt du Parlement du 23 août 1565; les ordonnances de police de 1622 et 1632, celle de 1635 confirmée par l'édit de 1672 (1).

On sait comment cette déclaration, dont la sagesse ne saurait aujourd'hui être contestée, fut accueillie par le Parlement : elle fut enregistrée en lit de justice tenu à Versailles le 12 mars 1776.

Turgot, malgré ses lumières, son intégrité et son énergie,

(1) Voy. *supra*, chap. Ier, section II. — On supprima par la même déclaration tous les droits sur les blés, méteils, seigles, farines, pois, fèves, lentilles et riz attribués aux offices de mesureurs et porteurs de grains, et les droits de halle et de gare sur les mêmes denrées *qui servent à la nourriture du peuple.*

ne pouvait lutter contre toutes les passions, contre tous les intérêts qui se coalisaient pour le calomnier.

Ce grand ministre, qui, selon les expressions d'un économiste historien (1), *voulait mettre le pain à la portée de toutes les bouches,* eut la douleur de voir contre lui non-seulement les partisans des vieux privilèges, — ce qui n'est pas étonnant, — mais encore le peuple lui-même, dont le bien-être le préoccupait si vivement.

Turgot fut obligé de laisser son œuvre inachevée et de quitter le ministère, n'ayant *d'autre regret que de n'avoir pu faire à sa patrie et à l'humanité un bien qu'il croyait très facile* (2).

SECTION III. — *Résumé des doctrines de Necker et des actes de son administration.*

Après Turgot, Necker vint apporter à la France le tribut de ses théories.

Son livre sur *la Législation et le Commerce des Grains,* publié en 1775, avait eu un grand succès. Il se distinguait par la méthode, la clarté et l'élégance du style.

Necker empruntait beaucoup au système mercantile. Le seul commerce véritablement utile à la France est celui des produits manufacturés échangés contre de l'argent. Voilà une idée dominante de ce traité.

« De toutes les manières, disait Necker, de payer les biens étrangers, la plus avantageuse à un royaume c'est la vente du temps, c'est-à-dire celle des productions de l'industrie; mais comme la préférence que les acheteurs donnent aux manufactures de tel ou tel pays est fondée en partie sur la comparaison des prix, et que ces prix sont réglés par la valeur de la main-d'œuvre, qui dépend à son tour du taux des subsis-

---

(1) M. Blanqui, *Hist. de l'Econ. polit.*, t. 2, p. 79.

(2) Paroles d'une de ses lettres écrite à M. Caillard le 12 juillet 1776.

tances, rien n'importe plus que la modération constante du prix des blés. »

Toutefois, peu partisan des principes absolus, il pensait qu'entre les règles du régime prohibitif et les principes extrêmes des physiocrates il y avait quelques modifications raisonnables à adopter.

Après avoir cherché à prouver que la liberté ou la prohibition permanentes d'exportation étaient contraires à l'intérêt général, et essayé de démontrer les avantages et les inconvénients de la liberté illimitée du commerce intérieur ; en un mot, après avoir repoussé toute loi absolue pour ou contre la liberté, Necker examinait les diverses modifications applicables au commerce extérieur et intérieur.

La défense d'exporter lui paraissait devoir être la loi fondamentale ; mais le même loi devait indiquer le moment de l'exception.

On devait, par une loi établie pour dix ans seulement, ne laisser sortir que les farines, et lorsque le blé serait tombé à 20 livres le setier ou au-dessous pendant deux marchés consécutifs dans les lieux de sortie.

Il blâmait les anciennes institutions relatives au commerce intérieur, renouvelées par la loi de 1770, et ensuite abrogées.

Il faisait valoir les raisons qui militaient contre la défense d'acheter ailleurs que dans les marchés. Le véritable motif de la loi, selon Necker, aurait été d'empêcher l'intervention dispendieuse des commerçants. Il admettait cette défense dès que le prix du blé était parvenu à un haut prix.

Necker prouvait ainsi, comme l'a dit un économiste distingué (1), qu'il n'avait pas apprécié d'une manière exacte les lois de la division du travail et de la concurrence.

Necker mettait au nombre des dispositions arbitraires les ordres donnés aux fermiers et aux propriétaires d'apporter leurs blés sur les marchés.

(1) M. de Molinari.

Il repoussait, en règle générale, l'intervention du gouvernement dans le commerce des grains ; mais, comme presque toujours, et d'après le principe qu'en économie politique et en administration publique il n'y avait rien d'absolu, il admettait à cette règle des exceptions.

Fixant plus particulièrement son attention sur les temps de disette ou de cherté, il estimait que tout dépendait ici des circonstances.

Outre la provision dans les villes pendant une partie de l'année par l'entremise des boulangers, il conseillait les primes d'importation et même, dans certains cas, l'emploi de commissionnaires protégés et récompensés spécialement par le gouvernement.

Enfin, il pensait que, dans les temps de crise, la circulation des grains ne devait plus être qu'une administration de sûreté et de police.

Cet ouvrage, dont nous avons essayé de donner un aperçu, était l'œuvre d'un philanthrope qui, comme Turgot, désirait l'amélioration de la condition des masses. Mais Turgot voulait atteindre le but par la liberté ; Necker par la restriction.

Turgot avait une conviction profonde, une confiance entière dans ses principes et dans le succès qui devait en couronner l'application ; un sentiment de doute et de défiance, au contraire, se révèle souvent dans le livre de Necker.

Les doctrines de Turgot séduisent ceux qui aiment les principes ; le travail de Necker doit plaire aux hommes qui, dans le maniement des affaires, ont été souvent dominés par les circonstances, et par suite amenés à penser que rien n'est absolu, que tout est variable et contingent.

Pendant le premier ministère de Necker, l'exportation fut tour à tour interdite ou permise, selon les circonstances. Elle fut prohibée notamment au mois de septembre 1777 et dans le cours de l'année suivante.

Lors de son second ministère, un arrêt du Conseil, en date

du 23 novembre 1788, défendit, sous les peines établies par les anciens règlements, de vendre ou d'acheter les grains et les farines ailleurs que dans les halles, marchés, ou sur les ports ordinaires des villes, bourgs et lieux du royaume où il y en avait d'établis (1).

Défense fut faite aux marchands et à tous autres particuliers d'aller au devant de ceux qui amenaient des grains au marché, soit pour les arrher, soit pour faire aucune convention particulière avec eux (2).

Ces mesures n'étaient prises que pour une année, sauf à les renouveler si les circonstances l'exigeaient (3).

Le même arrêt confirmait les anciens règlements qui ordonnaient que les habitants des lieux où les grains avaient été mis en vente se pourvussent avant les marchands des quantités nécessaires à leur consommation (4).

Toutes ces dispositions ne faisaient point cesser les difficultés.

Il est vrai que nous sommes à une époque de fermentation générale, à la veille d'une de ces crises dont l'histoire offre peu d'exemples.

Necker, qui était rentré au ministère depuis le 24 août 1788, cherchait, au milieu de tous les obstacles qui entravaient déjà l'action du pouvoir royal, à procurer quelques soulagements à la nation.

Le gouvernement faisait venir des blés et farines de l'étranger pour une somme considérable (5). Mais l'insuffisance et l'inefficacité de cette mesure étaient bientôt reconnues.

On stimulait le zèle du commerce par la promesse de primes d'importation (6).

Un arrêt du Conseil, du 22 avril 1789, décidait que les propriétaires, fermiers, marchands ou autres dépositaires de

(1) Art. 1er. — (2) Art. 2. — (3) Art. 5. — (4) Art. 6.

(5) On évalue à une somme de 74 millions les blés ou farines importés en France par les soins de l'administration.

(6) Voy. arrêt du 11 janvier 1789.

grains, pourraient être contraints à garnir suffisamment les marchés du ressort dans lequel ils étaient domiciliés, toutes les fois que la liberté du commerce n'effectuerait pas leur approvisionnement (1).

Les juges et officiers de police étaient autorisés à prendre connaissance, quand ils le croiraient indispensable, soit à l'amiable, soit par voie judiciaire, mais sans frais, des quantités de grains qui pourraient exister dans les greniers ou autres dépôts situés dans l'arrondissement de leur ressort (2).

Necker avait cependant sévèrement blâmé et mis au nombre des dispositions *arbitraires* et contraires *au bonheur public, les ordres donnés aux fermiers ou aux propriétaires d'apporter des blés tel jour dans tel marché* (3). Mais on se trouvait dans des circonstances qui, aux yeux de Necker, pouvaient légitimer ces dispositions.

Du reste, les temps qui vont suivre nous offriront bien d'autres atteintes au droit de propriété, bien d'autres violations des grands principes de liberté et de justice développés dans les écrits des physiocrates, et solennellement exposés dans le préambule des actes du ministère de Turgot.

APPENDICE. — *De la liberté du commerce des grains selon la déclaration de 1787.*

Dans l'intervalle du premier au second ministère de Necker, il parut, à la date du 17 juin 1787, une déclaration dans le préambule de laquelle on lit *que la liberté du commerce des grains devait être regardée comme l'état habituel et ordinaire du royaume* (4).

Cette déclaration portait, en effet, qu'il serait libre pour toujours et à toutes personnes, de quelque état et conditions

---

(1) Art. 1er. — (2) Art. 2. — (3) *Législ. et Comm. des Grains*. 3e partie, chap. 9.

(4) Voy. le préambule à l'Appendice, lettre (*d*).

qu'elles fussent, de faire le commerce des grains et des farines de province à province dans tout l'intérieur du royaume.

Depuis l'année 1778, l'exportation avait été, à différentes reprises, permise ou défendue par voie d'administration (1).

Selon la déclaration précitée, l'exportation ne devait être suspendue que pour celles des provinces dont les Etats et assemblées provinciales l'auraient demandé, et lorsque l'autorité supérieure en aurait reconnu la nécessité. Cette suspension ne pouvait être ordonnée pour plus d'une année, sauf à la renouveler, si les circonstances l'exigeaient, par une autre décision rendue en suivant les mêmes formes.

Cette déclaration abrogeait les dispositions de tous autres édits, déclarations, arrêts ou règlements contraires aux principes qu'elle proclamait, et notamment la règle de l'édit de 1764, d'après laquelle la défense d'exporter était prononcée lorsque le prix des grains s'élevait au-dessus d'un taux fixé par la loi.

Le préambule s'exprimait ainsi sur cette dernière disposition :

« Il est maintenant reconnu, comme nous en sommes convaincu......., que la défense de les (grains) exporter quand leur prix s'élève au-dessus d'un certain terme, est inutile, puisqu'ils restent d'eux-mêmes partout où ils deviennent trop chers ; qu'elle est même nuisible, puisqu'elle effraie les esprits, qu'elle presse les achats dans l'intérieur, qu'elle resserre le commerce, qu'elle repousse l'importation, enfin que toute hausse de prix déterminée par la loi pouvant être provoquée, pendant plusieurs marchés consécutifs, par des manœuvres coupables, elle ne saurait indiquer ni le moment où l'exportation pourrait sembler dangereuse, ni celui où elle serait encore nécessaire ; et que c'était aux inconvénients de cette disposition qu'on devait attribuer les atteintes portées à l'exécution et aux vues de l'édit de juillet 1764 et des lois subséquentes. »

---

(1) Voy. le préambule précité.

Ces considérations étaient assez puissantes : elles pouvaient bien conduire à la proclamation du principe de la liberté entière du commerce extérieur; et cependant la déclaration renfermait encore des restrictions qui replaçaient ce commerce sous le joug de l'autorité.

SECTION IV. — *Lois sur le commerce des grains rendues à la suite de la révolution de* 1789.

Les législateurs de 1789 ne laissèrent pas longtemps subsister les abus qui, pendant toute la durée de l'ancienne monarchie, s'étaient perpétués dans la législation que nous examinons.

Le principe de la liberté du commerce des grains fut de nouveau décrété ; la circulation et la vente de ces denrées furent déclarées libres dans toute l'étendue de la France (1).

Tous les droits connus sous les noms de *péage*, de *long et de travers, passage, halage, pontonnage, barrage, chômage, grande* et *petite coutume, tonlieu*, furent supprimés (2).

On supprima également tous ces droits de *minage, levage, strage, mesurage, leyde, plassage, étalage, stellage*, et d'autres encore qui étaient perçus sous le prétexte de poids, mesures, marque, fourniture ou inspection de mesures, de mesurage de grains, ainsi que sur la vente ou le transport de ces denrées, ou bien à raison de leur apport ou de leur dépôt dans les halles et marchés (3).

Il en fut de même, en général, des droits de *banalité*, des droits prohibitifs de la *quête-mouture* ou *chasse-des-meuniers* (4).

En un mot, le commerce des grains fut délivré de tous les liens dans lesquels il était depuis trop longtemps enchaîné.

---

(1) Décrets des 29 août-21 septembre 1789 ; 18-21 septembre et 5 octobre 1789.

(2) Art. 13, décret 15 mars 1790.

(3) Art. 17 et 19, décret 15 mars 1790.

(4) Art. 23, décret 15 mars 1790. — Voy. ci-dessus chap. Ier.

Mais la crise alimentaire se manifesta dès les premiers jours de la révolution, et l'Assemblée constituante prohiba provisoirement l'exportation (1).

Malgré l'abondance de la récolte de 1790, les inquiétudes sur les subsistances, les alarmes, les troubles, la désorganisation augmentaient chaque jour, et les décrets se succédaient pour réprimer les séditions, assurer la libre circulation et l'exécution de la loi qui défendait toute exportation (2).

Une mesure que l'on rencontre dans les premiers temps de notre histoire, et dont nous parlerons ailleurs (3), le *maximum*, était déjà invoquée par les populations, et des décrets annulaient les délibérations des municipalités qui obligeaient les cultivateurs à vendre leurs blés au-dessous du cours, et défendaient de taxer le prix des grains (4).

On autorisait l'entrepôt et l'exportation des grains étrangers (5); mais quelle pouvait être l'efficacité de cette mesure? Le commerce, qui aime la sécurité, n'était pas tenté de conduire ses marchandises sur un territoire où elles pouvaient être en proie aux émeutes et au pillage.

Il suffit de lire les décrets rendus depuis le 26 septembre 1791 jusqu'au fameux décret du 4 mai 1793, pour comprendre toutes les difficultés que l'administration rencontrait, tous les désordres, toutes les violences qu'elle eut à réprimer (6).

---

(1) Décrets des 29 août et 18 septembre 1789.

(2) Voy. décrets 27 septembre 1789; 15-21 septembre 1790; 6-12 octobre 1790. — (3) Voy. chap. VI.

(4) Décrets 29 avril-2 mai; 27-30 mai 1790.

(5) Décret 11-17 novembre 1790.

(6) Voy. décret 26 septembre — 2 octobre 1791. L'art. 2 de ce décret porte : « Les propriétaires et fermiers, cultivateurs, commerçants et autres personnes faisant circuler des grains en remplissant les conditions exigées par la loi, qui éprouveront des violences ou le pillage de leurs grains, seront indemnisés par la nation, qui reprendra la valeur de l'indemnité en l'imposant sur le département dans lequel le désordre aura été commis. Le département fera porter cette charge sur le district, sur les communes dans le territoire desquelles le délit aura été commis, et sur celles qui, ayant été requises de prêter du secours pour maintenir la libre circulation, s'y seraient refusées, sauf à elles à exercer leur recours solidaire contre les auteurs des désordres. »

En vain publiait-on des décrets prononçant la peine de mort contre ceux qui exporteraient des grains ou qui s'opposeraient à la circulation des subsistances (1), les troubles et les alarmes ne diminuaient point.

Le commerce des grains ralentissait ses opérations, et les subsistances devenaient de plus en plus rares

Les masses imputaient tout le mal aux accapareurs, et le législateur édictait la peine de deux ans de fers contre toute personne qui aurait offert un prix plus fort que le prix demandé par le vendeur, et la peine de mort contre ceux qui se seraient coalisés pour faire augmenter le prix des grains et farines (2).

Ces pénalités ne suffisaient point encore pour calmer l'esprit du peuple ; la situation était de plus en plus tendue ; le mal empirait chaque jour, et la Convention, qui, quelques mois auparavant, improuvait la conduite de ses commissaires du département d'Eure-et-Loire pour *avoir eu la faiblesse de souscrire, plutôt que de mourir, l'acte qui leur avait été présenté, portant taxe des grains, denrées et autres objets* (3), rendait ensuite ses célèbres décrets sur le *maximum*, et exhumait, en y ajoutant de nouvelles rigueurs et des peines terribles, tout l'attirail des lois réglementaires et prohibitives de l'ancienne monarchie.

En vertu du décret du 4 mai 1793, tout marchand, cultivateur ou propriétaire était tenu de déclarer à la municipalité la quantité et la nature des grains ou farines qu'il possédait, et, par approximation, ce qui lui restait de grains à battre. Des commissaires nommés par le directoire de district devaient surveiller l'exécution de cette mesure (4).

Les officiers municipaux étaient autorisés, d'après une délibération du conseil général de la commune, à faire des

---

(1) Décret 5-7 décembre 1792; décret 8-10 décembre 1792.

(2) Art. 1er et 2 décret 22 décembre 1792.

(3) Décret 30 novembre 1792.

(4) Art. 1er.

visites domiciliaires chez les personnes qui n'auraient pas fait de déclarations ou qui étaient soupçonnées d'en avoir fait de frauduleuses (1).

Le défaut de déclaration ou les fausses déclarations étaient punis de la confiscation des grains (2).

Les ventes ne pouvaient avoir lieu ailleurs que dans les marchés, sous peine d'une amende de 300 à 1,000 livres, qui était encourue par le vendeur et l'acheteur solidairement (3).

Il était cependant permis de s'approvisionner pour un mois dans les fermes ou magasins du canton, lorsqu'il était constaté par un certificat de la municipalité que l'on n'était point marchand de grains (4).

Les corps administratifs et municipaux étaient autorisés, chacun dans son arrondissement, à requérir tous marchands, cultivateurs ou propriétaires de garnir les marchés (5).

Ils pouvaient aussi requérir des ouvriers pour faire battre les gerbes, en cas de refus des propriétaires (6).

Nul ne pouvait, sous peine de confiscation, se soustraire aux réquisitions, à moins de prouver qu'il ne possédait que les grains ou farines nécessaires à sa consommation jusqu'à la récolte (7).

Tout individu se livrant au commerce de grains ou farines était obligé d'en faire la déclaration à la municipalité du lieu de son domicile. Il lui était délivré un extrait de cette déclaration, qu'il était tenu d'exhiber dans les marchés, où les officiers préposés à la police inscrivaient en marge les quantités qu'il avait achetées (8).

Il était obligé de tenir des registres portant ses achats et ventes, avec indication des personnes auxquelles il avait acheté ou vendu (9).

Il était encore tenu de prendre, dans le lieu de ses achats, des acquits à caution signés du maire ou du procureur de la

(1) Art. 4. — (2) Art. 5. — (3) Art. 6. — (4) Art. 7. — (5) Art. 9. — (6) Art. 10. — (7) Art. 12. — (8) Art. 15. — (9) Art. 16.

commune; décharge lui était donnée dans les lieux de la vente avec les mêmes formalités; puis, il fallait qu'il représentât ses acquits à caution à la municipalité du lieu de l'achat : le tout sous peine de confiscation et de 300 à 1,000 livres d'amende (1).

Enfin, le même décret ordonnait l'établissement d'un *maximum*, mesure que nous aurons à apprécier spécialement plus tard (2).

Lorsque cette loi fut rendue, les maux de la disette redoublèrent. Le commerce s'arrêta. On s'en prit alors plus que jamais aux accapareurs : « Une loi sur les accapareurs, disait Collot-d'Herbois, est de toutes la plus pressante : la douleur du peuple la sollicite; la différer un instant, ce serait être complice de tous les maux dont le peuple souffre... »

Le rapport de Collot-d'Herbois fut suivi du décret du 26-28 juillet 1793, par lequel l'accaparement était déclaré crime capital (3).

On obligea tout détenteur de marchandises ou denrées désignées par la loi comme étant de première nécessité, d'en faire la déclaration à la municipalité et d'en afficher le tableau devant sa porte (4).

Chaque municipalité nomma un commissaire chargé de procéder aux vérifications et de recevoir les déclarations des détenteurs des denrées sur le point de savoir s'ils voulaient *les mettre en vente à petits lots et à tout venant*. En cas de refus, un commissaire était chargé d'en opérer la vente, en fixant les prix de manière que le propriétaire obtienne un bé-

(1) Art. 17. — Les blatiers ou marchands de grains en détail étaient dispensés de la tenue des registres, et étaient seulement astreints à prendre des acquits à caution. (Art. 22.)

(2) La commune de Paris, où la disette se faisait encore plus sentir que dans les autres villes, avait réglé la distribution du pain dans les boulangeries; on ne pouvait s'y présenter qu'avec des cartes de sûreté. On avait réglé jusqu'à la manière dont on devait *faire queue* à la porte des boulangers. — Voy. M. Thiers, *Hist. de la Révolution*, t. 5, 2e édit., p. 151.

(3) Art. 1er. — (4) Art. 5 et 10.

néfice commercial, si c'était possible ; sinon, la vente n'en avait pas moins lieu *au prix courant* des marchandises (1).

Ceux qui n'avaient point fait les déclarations prescrites par la loi étaient punis de mort, leurs biens et leurs marchandises confisqués. La peine de mort était également décrétée contre ceux qui avaient fait de fausses déclarations (2).

Le tiers du produit des marchandises et denrées sujettes à confiscation appartenait aux dénonciateurs (3).

Jamais aucune loi ne renferma des prescriptions plus tyranniques.

Aux deux décrets que nous venons de résumer il faut ajouter celui du 11 septembre 1793.

Outre différentes mesures prises contre l'exportation (4), ce décret prescrivait de nouveau les déclarations que devaient faire à leurs municipalités tous cultivateurs, propriétaires ou dépositaires de grains ou farines ; les visites domiciliaires par les officiers municipaux ; la nomination de commissaires par chaque directoire de district (5).

Ces prescriptions étaient suivies de plusieurs dispositions prohibitives ou réglementaires, telles que la défense de vendre ailleurs que dans les marchés; l'obligation pour les propriétaires de grains ou farines de prendre des acquits à caution, compliquée de nombreuses formalités; l'obligation pour les blatiers ou débitants de grains en détail de faire à leur municipalité la déclaration du commerce qu'ils exerçaient; la défense aux meuniers, sous peine de dix ans de fers, de faire aucun commerce de grains; l'obligation pour les propriétaires de grains et farines de garnir les marchés, et de satisfaire aux *réquisitions* de l'autorité.

Les corps administratifs et les municipalités étaient, en effet, autorisés, chacun dans son arrondissement, à requérir les propriétaires de grains ou farines d'en apporter au marché la quantité nécessaire pour le tenir approvisionné.

---

(1) Art. 5, 6 et 7. — (2) Art. 8 et 9. — (3) Art. 12. — (4) Voy. sect. 4 du décret du 11 septembre 1793. — (5) Sect. 1re.

Les directoires de département faisaient parvenir leurs réquisitions aux directoires de district, et ceux-ci aux municipalités, qui étaient tenues d'y déférer sans délai.

Nul ne pouvait se refuser d'exécuter les réquisitions, à peine de confiscation des grains ou farines excédant les besoins de sa maison jusqu'à la récolte, et la semence de ses terres.

Le ministre de l'intérieur adressait aux départements dans lesquels il existait un excédant de subsistances, les réquisitions nécessaires pour approvisionner les départements et districts qui se trouvaient dépourvus.

Les représentants du peuple auprès des armées étaient chargés de faire les réquisitions pour l'approvisionnement des armées et des places frontières.

La ville et le département de Paris étaient fournis par voie de réquisition, comme les armées (1).

L'approvisionnement de Paris devait être l'objet d'une extrême sollicitude à une époque où les évènements politiques se succédaient sous l'influence de la population de cette grande cité.

Un décret antérieur (2) avait déjà prescrit un mode de réquisition spéciale pour Paris : ceux qui, dans les vingt-quatre heures, n'avaient point satisfait à la réquisition, étaient traités *comme ennemis publics, arrêtés sur-le-champ, et leurs grains confisqués.*

Les réquisitions furent maintenues par le décret du 4 nivôse an III, qui supprima le *maximum*. Elles subsistèrent jusqu'au décret du 2 thermidor de la même année, qui les abolit. Le décret du 7 vendémiaire an IV les fit revivre momentanément.

Nous avons passé sous silence plusieurs autres mesures dictées par la maxime *Salus populi suprema lex esto*, qui do-

---

(1) Sect. 2.

(2) Voy. ce décret et ceux des 11 et 16 nivôse, 3 pluviôse an III.

mina les législateurs de 1793, ou rendues sous la pression des masses (1).

Toutes les dispositions des lois de cette époque n'étaient que la conséquence du système d'intervention dirigeant la Convention en matière de subsistances, système le plus déplorable qu'une administration puisse adopter, et qui, malgré l'énergie du gouvernement révolutionnaire, malgré les mesures les plus rigoureuses, les peines les plus terribles, laissa le peuple en proie à la famine (2).

Dans ses savantes et spirituelles *Conversations,* M. de Molinari dit, en parlant de la *Commission des subsistances et approvisionnements :* « Au moins avait-elle nourri le peuple ? Hélas ! le peuple, nourri par le gouvernement, mourait littéralement de faim. Les choses en vinrent au point que Barère, ne sachant plus quel expédient invoquer, proposa à la Convention *d'ordonner un jeûne général et un carême civique.* — Voilà à quoi aboutit en France le système du gouvernement qui nourrit le peuple » (3).

---

(1) Voy. la section 3 du décret du 11 septembre 1793, et le décret du 19 brumaire an III relatifs au *maximum*, dont nous parlerons ailleurs. — Un décret des 5-7 avril 1793 portait que dans chaque section de la République où le prix des grains ne se trouverait plus dans une juste proportion avec le salaire des ouvriers, il serait fourni par le Trésor public un fonds nécessaire qui serait prélevé sur les grandes fortunes, et avec lequel on acquitterait l'excédant de la valeur du pain, comparée aux prix des salaires des citoyens nécessiteux.

Un décret du 9 août 1793 ordonnait l'établissement de greniers d'abondance dans chaque district, avec affectation d'une somme de 100 millions pour l'achat de grains, et de fours publics, dans chaque section des villes. sous la surveillance des commissaires choisis par les sections.

Il fut permis aux municipalités de faire des avances en grains à ceux qui en avaient besoin pour leur subsistance. (Décret 10 septembre 1793.)

Enfin un décret des 2-3 germinal an II voulut que les grains venant de l'étranger, distribués aux districts, aux communes, ne fussent vendus au peuple que sur le pied du *maximum*. Il ne pouvait être ajouté au prix pour les frais de transport dans chaque chef-lieu de district, que 50 sous par quintal. Le surplus des frais devait être acquitté par la nation.

(2) Du reste, la France qui était en guerre avec presque toute l'Europe, la République qui était odieuse aux souverains, ne pouvait, malgré tous ses efforts, obtenir du dehors que des secours bien insuffisants.

(3) P. 178.

Vinrent ensuite les décrets du 6, du 26 messidor de l'an III, relatifs aux ventes de grains en vert et pendants par racines, et sur lesquels nous nous expliquerons plus loin ; le décret du 4 thermidor de la même année, qui imposa aux marchands de grains, propriétaires et fermiers qui voulaient vendre ou emmagasiner des grains au-delà de leur récolte d'une année, l'obligation d'avoir une patente (1), et qui prescrivit certaines conditions relativement au commerce des grains (2).

Enfin on publia le décret du 7 vendémiaire an IV, sur la police du commerce des grains et l'approvisionnement des marchés et des armées.

Ce décret renouvelait l'antique défense de vendre et d'acheter ailleurs qu'aux foires et marchés, sous peine de trois mois de détention du vendeur et de l'acheteur, de confiscation et d'amende.

Les habitants des campagnes qui ne récoltaient pas suffisamment de grains pour leur nourriture et qui habitaient des lieux où il n'y avait pas de marché, pouvaient s'approvisionner pour trois mois dans les fermes, moyennant un *bon* de la municipalité.

Les marchands blatiers étaient aussi, indépendamment de la patente, obligés de se pourvoir d'un *permis* de la municipalité du lieu auquel ils destinaient les grains achetés. Ce permis était visé par la municipalité du lieu de l'achat avant l'enlèvement.

Au lieu de la destination, les blatiers se présentaient devant la municipalité pour obtenir une décharge. Ils devaient la reproduire à la municipalité du lieu de l'achat.

On fixait la quantité que les particuliers non marchands pouvaient acheter pour leurs besoins et ceux de leurs familles.

Ces achats ne pouvaient être faits que sur un *bon* de la municipalité.

---

(1) Art. 14 et suiv. — (2) Art. 16 et suiv.

L'autorité avait le droit de requérir les fermiers et les propriétaires de garnir les marchés, sous peine de trois mois de détention en cas d'opposition.

Les administrateurs avaient aussi le droit de faire battre et transporter les grains aux marchés, lorsqu'il y avait refus de la part des détenteurs.

Les fermiers et propriétaires pouvaient être requis de vendre aux *habitants malaisés* des communes. Le prix leur en était payé par l'administration.

Enfin, les lois relatives à la défense d'exportation étaient maintenues.

Ce décret renfermait des dispositions moins exorbitantes que les décrets de 1793 ; mais il faisait, comme on le voit, revivre encore toutes les vieilles rigueurs du régime prohibitif, en les exagérant.

Le gouvernement appelé à recueillir l'héritage de la Convention ne fut pas dominé par les mêmes évènements.

Les récoltes avaient, d'ailleurs, été abondantes, et le retour à des principes moins rigoureux et plus sages fut un de ses premiers soins.

Il intervint, le 21 prarial an V, une loi qui rétablit les principes de la liberté du commerce et de la circulation.

Le préambule de cette loi, qui rappelle sommairement ceux des anciens arrêts de Turgot, porte : « Le Conseil............... Considérant que la récolte a été tellement abondante en France que toutes les inquiétudes ont cessé sur les subsistances du peuple, et que si quelques circonstances rares et locales, sur un sol si varié, l'ont rendue insuffisante dans un petit nombre de cantons, *le commerce rendu à lui-même est seul en état de pourvoir à cette insuffisance et de rétablir l'équilibre des prix dans tous les marchés.* — Considérant que, pour y parvenir, il est nécessaire de supprimer promptement plusieurs formalités que des circonstances extraordinaires avaient nécessitées pour l'achat ou l'approvisionnement des grains, et de *rendre à l'industrie nationale toute son activité.* »

En conséquence, la circulation fut déclarée entièrement

libre dans l'intérieur de la république. Des peines assez sévères furent édictées contre les personnes qui l'entraveraient.

Les marchands de grains et les blatiers furent affranchis de l'obligation de se munir de *bons* de municipalités pour opérer leurs achats Ils furent seulement soumis à la patente.

Les particuliers n'eurent pas besoin non plus d'obtenir ces mêmes *bons* pour faire des approvisionnements aux marchés ou ailleurs.

On respecta cependant les usages des lieux dans lesquels les marchands ne pouvaient acheter dans les marchés qu'aux heures indiquées.

Les lois du 4 thermidor an III et du 7 vendémiaire an IV furent rapportées.

Avant la loi du 21 prairial, un décret du 26 ventôse an V, tout en maintenant la défense d'exportation, avait adouci les peines portées par les lois précédentes, en soumettant seulement les contrevenants à la confiscation des denrées et objets servant au transport, et à l'amende s'ils étaient surpris de nuit, ou sans passavant, dans la distance de cinq kilomètres en-deçà des frontières de terre et de vingt-cinq hectomètres des côtes maritimes.

Un arrêté du directoire exécutif, du 17 prairial an VII, régla ensuite les dépôts de grains et farines établis près des frontières. Tout dépôt fut prohibé dans les cinq kilomètres des frontières de terre.

L'exportation, qui avait été absolument prohibée jusque là, fut ensuite permise, ainsi que nous l'expliquerons en résumant les lois qui précédèrent l'établissement du régime de l'échelle mobile.

CHAPITRE IV

Législation du XIXe siècle sur le commerce intérieur et extérieur des céréales.

Les lois rendues sur le commerce intérieur des grains depuis le commencement du XIXe siècle jusqu'à nos jours sont peu nombreuses. Il n'existe sur ce point que deux décrets de l'Empire que nous résumerons sous une première section. Ces décrets n'ont pas d'ailleurs, à notre sens, survécu aux circonstances qui les avaient fait naître. La Restauration, le gouvernement de 1830, la République de 1848 et le gouvernement actuel ont ensuite laissé subsister la législation antérieure, sans même chercher à dissiper l'incertitude, ni à lever les doutes que la doctrine et la jurisprudence peuvent souvent rencontrer dans l'interprétation ou l'application des diverses dispositions de la loi.

Les monuments législatifs sur le commerce extérieur sont moins rares et plus importants. Nous les analyserons sous la seconde section de ce chapitre.

SECTION Ire. — *Décrets de l'Empire sur le commerce intérieur des céréales.*

Dans le cours de l'année 1811, le prix des grains s'éleva successivement ; et au commencement de l'année 1812 le gouvernement avait conçu les craintes les plus sérieuses.

C'est dans ces circonstances que furent rendus les décrets du 4 et du 8 mai 1812.

Dans le préambule du décret du 4 mai, le gouvernement exposait que les grains existant à cette époque en France *formaient une masse non-seulement égale, mais supérieure à tous les besoins;* il reconnaissait aussi que *la proportion générale entre les ressources et la consommation ne s'établissait qu'au moyen de la circulation dont il proclamait de nouveau le prin-*

cipe. Et cependant il faisait revivre, par ce même décret, la plupart des entraves auxquelles le commerce avait été plus d'une fois assujetti.

Ainsi, tout individu commerçant, commissionnaire ou autre, achetant des grains et farines pour en approvisionner les départements, fut tenu de le faire publiquement et après une déclaration au préfet ou au sous-préfet.

Il fut défendu de se livrer à aucun achat ou approvisionnement de grains ou farines pour les garder et les emmagasiner, et en faire un objet de spéculation.

Les détenteurs de grains et farines furent astreints à déclarer aux préfets ou sous-préfets les quantités par eux possédées, les lieux de leurs dépôts. Ils furent aussi tenus de garnir les marchés indiqués par l'administration.

La défense de vendre ou d'acheter ailleurs que dans les marchés fut renouvelée.

Les heures auxquelles les habitants, les boulangers et les commerçants pourraient acheter furent fixées.

C'était par de semblables mesures que le gouvernement impérial espérait *encourager le commerce d'approvisionnement et assurer à la circulation toute son activité !*

Bien plus, le décret du 8 mai établissait un *maximum* dans les six départements centraux de la Seine, de Seine-et-Oise, Seine-et-Marne, Aisne, Oise, Eure-et-Loire, avec l'assentiment des propriétaires, fermiers et marchands de ces départements.

Les blés ne purent y être vendus à un prix excédant 33 fr. l'hectolitre.

Les préfets devaient tenir la main à ce qu'ils ne fussent pas vendus au-delà de ce *maximum* dans les départements où la récolte suffisait aux besoins.

Le décret ajoutait que dans ceux qui s'approvisionnaient hors de leur territoire, les préfets feraient la fixation du prix des blés, *conformément aux instructions du ministre du commerce, et en prenant en considération le prix du transport et les légitimes bénéfices du commerce.*

Cette disposition, qui du reste n'était pas applicable aux départements où le prix des blés n'était pas au-dessus de 33 francs l'hectolitre, ne devait être, comme les autres dispositions du décret, et ne fut, en effet, obligatoire que jusqu'à la récolte seulement.

Il était bien difficile, malgré tout le bon vouloir de l'administration départementale, qu'il n'y eût pas une extrême variété dans les supputations. Il paraît même que quelques préfets, beaucoup plus larges dans leur tarif, maintinrent l'abondance dans leurs départements, tandis que le résultat contraire se produisit dans ceux où l'administration se montra plus rigoureuse dans ses calculs et ses appréciations.

SECTION II. — *Histoire du régime de l'échelle mobile.*

Dans les années qui suivirent la révolution de 1789, on ne dut guère penser à restreindre par des droits l'importation des grains. On fit, au contraire, tous ses efforts pour l'encourager.

D'un autre côté, l'exportation fut, comme nous l'avons vu, sévèrement prohibée.

Après la récolte de 1803, il y avait eu en France une surabondance dont on voulut favoriser l'écoulement.

On prit d'abord le parti de délivrer à quelques personnes des permis d'exportation pour des quantités déterminées.

Mais les inconvénients résultant de cette espèce de monopole furent bientôt reconnus, et on consacra d'autres règles.

En vertu d'un décret du 25 prairial an XII, l'exportation des grains fut permise pour l'Espagne, le Portugal, l'Allemagne et la Hollande, par plusieurs ports désignés, moyennant un droit de sortie de 1 franc par cinq myriagrammes de blé, et de 50 centimes pour les seigles, maïs et autres grains.

Toute exportation devait cesser du moment que le prix du

blé de première qualité était monté à 16 francs l'hectolitre dans les départements du midi de la France, selon les mercuriales de trois marchés successifs dans le marché du lieu de l'exportation ou dans le marché le plus voisin.

La prohibition était ordonnée provisoirement par le préfet du département, et confirmée par le gouvernement sur le rapport du ministre de l'intérieur.

Les décrets des 13 brumaire et 5 nivôse de l'an XIII, le premier permettant l'exportation pour l'Espagne et le Portugal, et le second pour l'Electorat d'Hanovre, renfermaient les mêmes principes.

La faculté d'exportation fut ensuite étendue en 1806.

On décida qu'elle ne cesserait que lorsque l'hectolitre de froment vaudrait 24 francs, et celui des menus grains, 16 francs.

A côté de cette nouvelle fixation, on établit des droits progressifs à la sortie, et combinés de manière à modérer l'exportation. Ainsi, quand le prix de l'hectolitre de froment n'excédait pas 19 francs, le droit par quintal métrique s'élevait seulement à 2 francs ; au-dessus de 19 francs, il était de 2 francs 50 centimes ; à 20 francs, de 3 francs ; à 21 francs, de 4 francs ; à 22 francs, de 6 francs ; à 23 francs, de 8 francs ; à 24 francs l'exportation cessait, comme nous l'avons dit.

Ce tarif, par la progression des droits, ne modérait pas seulement l'exportation ; elle la rendait sans avantages, dès que l'hectolitre atteignait 20 francs ; et, par suite, l'encouragement que l'on voulait donner à l'agriculture était pour ainsi dire illusoire.

En 1810, le renchérissement dans le prix des blés fit dévier des principes adoptés en 1806. On y revint en 1811, mais pour un moment seulement.

La récolte ayant été abondante en 1814, une ordonnance du 26 juillet de la même année autorisa provisoirement l'exportation des grains, farines et légumes, et annonça la présentation prochaine aux chambres d'une loi qui pût *concilier autant que possible les intérêts du consommateur avec ceux de l'agriculture, et établir sur des bases fixes le mode et les conditions auxquels il serait permis d'exporter les grains hors du royaume.*

Cette loi fut rendue le 2 décembre suivant.

Elle décida que les départements frontières de la France seraient partagés en trois classes : dans la première devaient être compris les départements où les grains étaient habituellement plus chers que dans le reste du royaume; dans la seconde, ceux où ils se maintenaient à un prix moyen, et, dans la dernière classe, ceux où ils étaient au prix le moins élevé.

Une ordonnance du 18 du même mois détermina ce classement et désigna les ports et bureaux de sortie.

L'exportation devait être suspendue dans chaque département frontière, lorsque le blé froment y aurait atteint le prix de 23 francs l'hectolitre pour la première classe, de 21 francs pour la seconde, et de 19 francs pour la troisième.

Au-dessous de ces limites, la suspension d'exportation ne pouvait être levée que d'après un ordre du ministre de l'intérieur.

L'art. 34 de la loi du 17 décembre 1814, relative aux douanes, conféra au roi le droit de permettre ou de suspendre, en cas d'urgence, l'exportation des produits du sol, et de déterminer les droits auxquels ils seraient assujettis, sauf à obtenir ensuite l'approbation des chambres.

En 1815, l'exportation de tous grains fut suspendue temporairement (1) par suite des circonstances difficiles survenues dans l'état des subsistances.

Quant à l'importation, elle fut d'abord soumise à un droit de balance de 50 centimes par hectolitre pour les céréales importées sous pavillon étranger (2); mais ce droit fut bientôt supprimé par l'ordonnance du 7 août 1816, et des primes à l'importation furent même accordées (3).

---

(1) Ord. 3 août 1815. — (2) L. 28 avril 1816.

(3) Ord. 22 novembre 1816. — Ces primes furent d'abord restreintes, puis supprimées. — Voy. ord. 27 août 1817 et 10 février 1818.

La liberté de l'importation fut maintenue jusqu'en l'année 1819.

Mais, sous l'empire d'un système de paix garanti par les souverains, les communications internationales commençaient à prendre une grande extension.

D'un autre côté, les guerres de la République et de l'Empire avaient enlevé aux campagnes leurs plus vigoureux travailleurs, et les prix des produits agricoles avaient sensiblement augmenté.

Enfin, par suite des besoins éprouvés en France pendant la disette des premières années de la Restauration, la culture du blé avait pris un grand essor dans les provinces russes de la mer Noire. Depuis 1817 les grains n'avaient pas cessé d'affluer dans nos ports.

Une ordonnance du 11 mars 1819 révoqua celles qui avaient suspendu la perception des droits sur les grains et farines venant de l'étranger. Mais le droit de 50 centimes établi à l'importation par la loi de 1816 ne suffisait point pour arrêter, dans l'état de choses que nous venons de rappeler, la concurrence des importations étrangères.

A la suite de ces importations, et de l'abondance de la récolte de 1818, une baisse assez considérable s'était produite dans les prix. Les propriétaires des départements de l'est et du midi de la France s'en étaient émus. Ils demandèrent par plusieurs pétitions à être protégés contre la nouvelle concurrence.

Le 31 mai 1819, le gouvernement présenta à la chambre des députés un projet de loi destiné à satisfaire à ces réclamations en limitant l'entrée des grains.

Le ministre de l'intérieur, M. Decazes, exposa à ce sujet que le commerce des céréales avait été longtemps l'objet d'une vive controverse entre les hommes les plus éclairés, les plus sincèrement amis du bien public ; que des principes absolus avaient été alternativement établis et soutenus; que la liberté la plus entière, tant pour la circulation intérieure que pour l'exportation et l'importation, avait été invoquée comme le seul moyen de donner à l'agriculture tout le développement dont elle était susceptible, et d'établir, dans les prix, une juste proportion entre les besoins du cultivateur et ceux du consommateur. M. Decazes approuvait l'application qui avait été faite à la circulation intérieure *de cette théorie si naturelle, si conforme aux principes généraux;* puis il ajoutait : « Pour tout ce qui tient au commerce extérieur, cette même théorie a été combattue dans son application par une foule de circonstances locales, de rapports politiques et de besoins particuliers aux différents peuples.................. *Si le commerce des grains*, poursuivait-il, *pouvait être laissé entièrement libre, tant en exportation qu'en importation, les gouvernements seraient sans doute délivrés d'une grande et terrible responsabilité;* mais, ainsi que nous l'avons déjà dit, *l'expérience a trop complètement prouvé que cette liberté absolue était incompatible avec la sécurité qui doit toujours présider à l'approvisionnement d'un grand peuple, dont la principale nourriture est en grains.* »

On aurait pu contester l'exactitude de cette dernière proposition; car on a pu voir, par les détails dans lesquels nous sommes entré, que cette *liberté absolue*, dont parlait M. Decazes, n'avait jamais existé en France. Mais le moment aurait été mal choisi pour discuter la thèse de la liberté du commerce extérieur.

Il fallait, avant tout, calmer les plaintes des propriétaires, qui trouvaient de nombreux et puissants échos dans une Chambre où dominait l'élément territorial.

L'attention fut principalement concentrée sur le bas prix des grains et sur les conséquences de l'importation dans les dernières années.

Le projet de loi élevait le droit permanent de 50 centimes établi par la loi du 28 avril 1816, sur les grains et farines importés de l'étranger; il le convertissait en un droit également permanent de 1 franc 25 centimes par hectolitre de grains, et de 2 francs 50 centimes par quintal métrique de farine. Ce dernier droit était réduit à 25 centimes par hectolitre de blé, et à 50 centimes par quintal métrique de farine pour les importations par navires français.

C'était, comme le déclare l'exposé des motifs, une double prime accordée à l'agriculture et à la navigation française.

Dès que les blés étaient descendus au taux précédant immédiatement celui où l'exportation pouvait en être permise, aux termes de la loi de 1814, l'importation des blés étrangers était frappée, indépendamment du droit permanent, d'un droit supplémentaire de 1 franc par hectolitre, sans distinction de pavillon.

Le prix des blés indigènes venait il à descendre au-dessous de 23, 21 ou 19 francs, selon les régions, chaque franc de diminution devait donner lieu, indépendamment du droit permanent et du droit supplémentaire, à un nouveau droit supplémentaire et variable de 1 franc par hectolitre de blé importé, également sans distinction de pavillon. « C'est la perception de ce droit, portait l'exposé des motifs, qui doit mettre un terme aux abus de l'importation, puisqu'elle tend à ramener toujours dans nos ports les blés étrangers au prix que doivent avoir les blés indigènes, pour que la vente et la culture de ceux-ci ne souffrent pas de leur concurrence. »

Le quintal métrique de farine de grains étrangers payait, outre le droit permanent, le double des droits supplémentaires.

Enfin, on prohibait entièrement l'importation des grains et farines lorsque le prix des blés froments indigènes était de 3 francs plus bas que le taux au-dessous duquel la loi en suspendait l'exportation (1).

---

(1) Le droit supplémentaire sur les seigles, maïs et les farines provenant de ces grains, était perçu lorsque les prix étaient descendus à 17, 15 ou 13 fr. l'hectolitre, selon les classes. Chaque franc de diminution dans ces prix donnait lieu au second droit supplémentaire. La prohibition d'importation était applicable à ces denrées dès que le prix en était descendu au-dessous de 14, 12 ou 10 fr., selon les régions. Ces mêmes dispositions pouvaient être étendues à l'orge et aux autres menus grains, par des ordonnances royales.

Pour l'exécution de ces dispositions, et afin de constater d'une manière certaine et légale la valeur des blés indigènes, on maintint la division de la France en trois classes, adoptée en 1814, et on divisa les classes en plusieurs sections. Le ministre de l'intérieur fut chargé du soin de faire insérer au *Bulletin des Lois*, le 1er de chaque mois, le prix moyen dans chacune des sections, en le prenant sur les mercuriales d'un certain nombre de gros marchés désignés par le tableau des sections, et connus pour être les régulateurs du prix des grains dans les différentes parties de la France.

Ces prix moyens devaient servir à régler la suspension de l'exportation dans les différentes sections indiquées au tableau annexé au projet de loi.

La seule modification que la Commission introduisit dans le projet consista à porter au triple du droit supplémentaire, sur l'hectolitre de blé, le droit supplémentaire sur le quintal métrique de farine, que le projet avait simplement fixé au double.

Lors de la discussion, un député de l'opposition, M. Voyer d'Argenson, attaqua vivement ce projet. Il soutint que ce n'était pas la culture des grains que l'on voulait, au fond, encourager, attendu que le bas prix des grains ne ferait pas abandonner un seul hectare de terre ; qu'il s'agissait, en réalité, du fermage et des contributions ; que l'effet de la loi serait d'augmenter le taux des fermages aux dépens des consommateurs, de créer un impôt sur le consommateur au profit du producteur (1).

Sur 162 votants, le projet de loi obtint 134 suffrages ; 28 voix seulement protestèrent contre le système économique dans lequel la Restauration s'engageait chaque année de plus en plus.

M. de Larochefoucauld, choisi pour rapporteur à la Chambre des pairs, après avoir présenté devant cette Chambre d'excellentes observations dans le sens du principe de la liberté,

(1) *Moniteur* du 9 juillet 1819.

s'exprimait ainsi : « Ne s'agit-il que de prévenir la disette des grains, qu'on laisse agir le commerce; lui seul peut écarter ce fléau; ses spéculations auront devancé le danger; il n'aura point obtenu des grains à des prix exorbitants ; il sait quand il faut acheter ; il sait quand il faut vendre..... »

M. de Larochefoucauld conclut cependant pour l'adoption du projet de loi ! Entre autres raisons, M. de Larochefoucaud invoquait l'opinion des grands propriétaires, tous partisans du projet.

La Commission en proposa à l'unanimité l'adoption, et les votes de la Chambre furent aussi unanimes.

Tel est, en résumé, l'historique de la loi du 16 juillet 1819 (1).

Cette loi n'avait pas calmé les appréhensions des propriétaires.

La récolte de 1819 et celle de 1820 avaient été très abondantes; les prix baissèrent nécessairement : on se plaignit de nouveau de l'insuffisance du tarif, et de nouvelles barrières contre les importations furent sollicitées.

Nous ne rappellerons pas les différentes phases de la loi des 4-15 juillet 1821 ; nous ne dirons rien des débats et des incidents auxquels le projet proposé par le ministère dirigé par M. de Villèle donna lieu au sein de la Chambre des députés (2).

---

(1) L'année suivante, la loi de douanes du 7 juin 1820 augmenta les droits à l'importation. Les droits à l'importation par navires étrangers, qui, on se le rappelle, avaient été fixés à 1 fr. 25 c. par la loi de 1819, furent portés à 2 fr. 50 c., mais seulement lorsque les prix ne s'élevaient pas à la limite où le droit supplémentaire cessait d'être exigible; aussitôt qu'ils atteignaient cette limite, le droit différentiel retombait à 1 fr. 25 c. D'un autre côté, les droits permanents établis à l'importation par navires français furent portés à 1 fr. 25 c. par hectolitre de grains, et à 2 fr. 50 c. par quintal métrique de farine, lorsque l'importation n'était pas faite directement de certains pays *dits de production*. — Voy. l'ordonnance du 23-31 octobre 1830, qui désigne les pays de production qui sont assujettis à un moindre droit permanent.

(2) On peut lire à cet égard le travail de M. de Molinari, *Hist. du Tarif. — les Céréales*, p. 15 à 27.

La loi de 1821, basée sur les mêmes principes que la loi de 1819, en modifia plusieurs dispositions dans le sens de la protection.

Les départements frontières furent divisés en quatre classes.

L'exportation des grains, farines et légumes fut suspendue dans chaque classe lorsque le prix des blés froments indigènes y dépassait 25 francs dans la première, 23 francs dans la seconde, 21 francs dans la troisième, 19 francs dans la quatrième.

Quand les prix étaient descendus au-dessous de 24 francs dans la première classe, de 22 francs dans la seconde, de 20 francs dans la troisième, et de 18 francs dans la quatrième, toute introduction de blés et de farines de blé pour la consommation nationale était prohibée.

Le premier droit supplémentaire établi par l'art. 2 de la loi du 16 juillet 1819 sur les blés étrangers importés en France devait être perçu lorsque le prix des froments indigènes était descendu, dans la première classe, à 26 francs; dans la deuxième, à 24 francs; dans la troisième, à 22 francs, et dans la quatrième, à 20 francs.

Au-dessous de ces limites le second droit supplémentaire de 1 franc par chaque franc de baisse commençait à être perçu (1).

Du reste, le système des lois de 1819 et de 1821 était le même : un droit permanent frappant les blés étrangers; un tarif déterminant le prix auquel l'exportation serait permise, celui auquel l'importation commencerait à être frappée d'un droit supplémentaire variable, et le prix auquel toute exportation devrait cesser.

Mais l'exportation selon la loi de 1821 était plus long-

(1) Des dispositions analogues furent édictées pour les seigles, les maïs et les farines en provenant. — Voy. art. 6, l. 4 juillet 1821; ensuite, pour les avoines et farines d'avoine, ord. des 10-20 juillet 1822.

temps autorisée, et l'importation plus tôt frappée de droits supplémentaires.

Quel fut l'effet du nouveau tarif sur le cours général des céréales ? « Dans une grande partie de la France, dit M. de Molinari, dans la région du Nord, par exemple, la protection n'exerçait directement sur les prix aucune influence appréciable. Dans la région du Midi, au contraire, et particulièrement dans le Midi oriental, elle les surélevait de 50 à 100 p. 0/0. Sous l'influence du tarif de 1821, le prix se maintint à Marseille de fr. 25 à fr. 30 dans les années moyennes et dans les bonnes années, tandis qu'il serait probablement tombé à fr. 16 ou 17 si l'importation était demeurée libre; Marseille portait ainsi directement la part la plus lourde du fardeau de la protection agricole » (1).

On vécut sous l'empire de cette législation jusqu'en 1830.

Les partisans du principe de la liberté commerciale pouvaient espérer que le gouvernement fondé en 1830 aurait, sinon abandonné, du moins modifié profondément le système économique de la Restauration. Les nouvelles bases de ce gouvernement, les modifications et les éléments nouveaux introduits dans les Chambres; l'arrivée au pouvoir des hommes qui, pendant les dernières années, s'étaient associés aux vœux formés en faveur des réformes industrielles et commerciales : tous ces motifs devaient faire naître cet espoir. Mais le gouvernement de juillet rencontra à peu près les mêmes obstacles que celui de la Restauration, et nous allons voir que si la législation sur le commerce extérieur s'améliora, les réformes opérées furent assez timides.

Peu de temps après l'installation du gouvernement de 1830, le ministre de l'intérieur présenta un projet de loi destiné à modifier provisoirement la législation existante, en attendant qu'il fût permis de se livrer à une complète révision.

---

(1) *Loc. cit.*, p. 28. — Plus tard, et par la loi du 15 juin 1825, l'entrepôt fictif de Marseille fut aussi supprimé, au grand détriment du commerce de cette ville.

Ce projet, auquel la commission avait proposé d'ajouter une disposition pour restituer à Marseille son entrepôt fictif, devint la loi des 20-25 octobre 1830.

Entre autres dispositions, cette loi portait que le maximum du droit variable à l'importation des grains serait de 3 francs l'hectolitre, et le minimum de 25 centimes ; que ces droits et les degrés intermédiaires de 2 francs et 1 franc continueraient d'être appliqués suivant le prix légal des grains, conformément aux lois des 16 juillet 1819 et 4 juillet 1821. Ils devaient être perçus sans distinction de provenance, et avec la seule surtaxe de 1 franc pour les grains arrivant par mer sous pavillon étranger (1).

L'entrepôt fictif était restitué à la ville de Marseille.

Cette loi ne devait rester en vigueur que jusqu'au 30 juin 1831 pour certains départements, et jusqu'au 31 juillet suivant pour d'autres régions (2).

Enfin, le 17 octobre 1831, le gouvernement présentait à la Chambre un nouveau projet de loi sur l'importation et l'exportation des céréales.

On critiquait la législation de 1821, qui favorisait plus les exportations que les importations ; qui, dans l'intérêt de la marine, rendait plus chère une chose de première nécessité.

On considérait comme mauvaises les bases des tarifs, et la classification qui attribuait à des sections différentes des départements limitrophes. On critiquait également le choix des marchés régulateurs. Mais le vice radical du système, disait-on, réside dans la perpétuelle alternative d'admissions et de prohibitions consacrée par la loi.

---

(1) Le maximum de 3 fr. était appliqué aux seigles et maïs quand le prix de ces grains atteignait 16, 14, 12 et 10 fr., selon les classes. — Il n'y avait lieu qu'à la perception du minimum de 25 c. quand les prix dépassaient 18, 16, 14 et 12 fr. — Le minimum du droit sur les farines importées par navires français était de 50 c. par 100 kilog., et de 2 fr. 50 c. lorsque l'importation avait lieu sous pavillon étranger.

(2) Voy. aussi ord. du 2-11 juin 1831 sur les marchés régulateurs, l'entrepôt fictif et le droit d'importation des grains arrivant par navires français.

Ce régime rend précaire la faculté d'importer, sans en laisser prévoir ni le commencement ni la fin. Quand l'importation est possible, l'étranger se hâte d'importer des grains et le commerçant français d'en aller chercher à l'étranger. Il y a concurrence et renchérissement aux achats, concurrence dans les moyens de transport, et surhaussement du frêt et des faux frais. Alors il arrive, ou qu'il y a une prompte surcharge du marché et que la baisse trop rapide ramène la prohibition avant qu'on ait pu recevoir tout le secours désirable, ou que la demande, soutenant le prix, prolonge le temps de l'importation au-delà des véritables besoins, et produit un surcroît d'approvisionnement dont le producteur national éprouve plus de préjudice qu'il n'en aurait ressenti d'une concurrence régulière et dont toutes les chances auraient été soumises au calcul (1).

C'est pour répondre à ces critiques que le gouvernement proposait : 1° de substituer deux grandes divisions aux quatre zônes établies par la loi de 1821 ; 2° de supprimer entièrement les prohibitions à l'entrée et à la sortie, et de créer un tarif mobile gradué sur la proportion entre la production et la consommation, et sur les prix à garantir aux producteurs ; 3° de prendre pour régulateur le prix moyen du pain au lieu du prix moyen du blé ; 4° de ne plus percevoir, passé une certaine limite, la surtaxe établie sur les arrivages par navires étrangers ; 5° de réduire à quinze jours la durée des cours régulateurs.

Mais la commission, à laquelle le projet fut renvoyé, y apporta de notables changements. M. Ch. Dupin avait été nommé rapporteur.

Le rapport de M. Ch. Dupin exposait que, des renseignements pris sur la production des céréales en Europe, il résultait que les mêmes dangers qui menaçaient l'agriculture française en 1821 existaient aussi imminents en 1832 (2); que

---

(1) Voy. l'Exposé des motifs de la loi du 15 avril 1832.

(2) Voy. le Rapport de M. Ch. Dupin. — M. de Molinari démontre,

l'expérience résultant de l'application faite pendant dix années de la loi de 1821 prouvait que les prohibitions étaient fâcheuses, les prix rémunérateurs établis par cette loi trop élevés, les marchés régulateurs mal choisis.

Le rapport ajoutait que, depuis 1821, les années malheureuses avaient été plus facilement traversées, ce qui constatait l'excellence d'une législation permanente ; que tous les points du territoire avaient été suffisamment approvisionnés, ce qui légitimait la division de la France en quatre régions.

Enfin, selon le rapport, la substitution du prix du pain aux mercuriales des céréales, comme base servant à déterminer les prix moyens, outre de nombreuses difficultés d'application, faisait craindre que l'action du régulateur ne fût trop lente.

C'est sous l'influence de ces idées que la loi du 15 avril 1832 fut votée.

Cette loi abolit les prohibitions éventuelles, soit à l'importation, soit à l'exportation, prononcées par les lois de 1819 et de 1821 (1);

Elle maintient la division en quatre zônes créée par la loi de 1821 ;

Lorsque le prix régulateur dépasse 28 francs dans la première classe, 26 francs dans la deuxième, 24 francs dans la troisième, 22 francs dans la quatrième, l'importation n'est soumise qu'au simple droit de balance de 25 centimes par hectolitre (2);

Au-dessous du prix rémunérateur, fixé pour chacune des quatre classes, comme dans la loi de 1821 (3), les blés im-

---

comme on l'avait déjà prouvé dans la discusion, l'inexactitude de cette considération, en reproduisant les observations recueillies par M. Jacobs sur les blés de la Russie septentrionale et de la Pologne, desquelles il résulte, que les blés dans le Nord ne descendaient pas au-dessous de 10 fr. 03 c. et 12 fr. 04 c., et qu'arrivés dans les ports d'Angleterre ils ne revenaient pas à moins de 18 fr. 50 c. et 20 fr. 64 c. — Les renseignements sur les blés d'Odessa n'étaient pas moins rassurants pour les agriculteurs français. — Voy. M. de Molinari, *loc. cit.*, p. 32.

(1) Art. 1er et 7.

(2) Art. 2, l. 15 avril 1834 ; art. 1er, l. 16 juillet 1819.

(3) C'est-à-dire au-dessous de 26, 24, 22 et 20 fr.

portés paient 1 franc de surtaxe par chaque franc de baisse, outre le droit de balance (1); et si les prix des grains indigènes fléchissent de 3 francs au-dessous du même point de départ, la surtaxe s'élève alors à 1 franc 50 centimes par hectolitre pour chaque franc de baisse (2).

En outre, un droit différentiel de 1 franc 25 centimes par hectolitre est établi dans l'intérêt de la marine nationale sur les importations par navires étrangers. Ce droit n'est pas perçu quand les prix s'élèvent au-dessus du prix nécessaire, c'est-à-dire au-dessus de 28, 26, 24 et 22 francs, selon les classes (3).

L'exportation est permise, au droit de balance, jusqu'à ce que le prix ait atteint 25, 23, 21 et 19 francs, selon les classes.

Au-dessus de ces limites, un droit de 2 francs est perçu par chaque franc de hausse (4).

Cette loi ne devait demeurer en vigueur que jusqu'au 1er juillet 1833 ; mais la loi du 26 avril 1833 différa indéfiniment le terme assigné pour la révision.

Telles sont les différentes phases qu'a traversées en France le célèbre système de l'*échelle mobile*, emprunté aux anciennes lois de l'Angleterre, et successivement consacré ou modifié par les lois de 1819, 1821 et 1832.

Nous n'apprécierons pas ici la *légitimité* de ce système.

Nous laissons à d'autres le soin d'examiner si la législation crée un *impôt* sur le blé au profit des propriétaires fonciers ; si cet impôt est, par suite du mécanisme de l'échelle mobile, inégalement réparti entre les quatre grandes régions de la France.

---

(1) Art. 2, § 1er, l. 15 avril 1832.

(2) Art. 2, § 1er, l. 15 avril 1832.

(3) Art. 4, l. 15 avril 1832.

(4) Art. 7, l. 15 avril 1832 et tableau A. — Les farines paient à l'importation le triple environ des droits sur le blé par hectolitre et le double à l'exportation. (Art. 2 et 7, l. 15 avril 1832.) — Voy., pour les droits à l'importation et à l'exportation des grains inférieurs, art. 3 et 7, l. 15 avril 1832.

Nous ne pourrions nous livrer à ces appréciations sans excéder les limites de ce Précis.

Nous ne nous demanderons pas non plus si le régime de la libre concurrence ne serait pas de nature à ruiner totalement ou partiellement notre agriculture, et à porter atteinte à l'indépendance nationale.

Cet argument, que les partisans de la protection ont souvent mis en avant, et dont le mérite est fort contestable, est plutôt du domaine de la politique que de celui de l'économie. Nous ne pensons pas, d'ailleurs, qu'il soit destiné à produire une bien grande impression sur l'esprit du législateur actuel.

Voyons seulement quelle est l'efficacité du régime de l'échelle mobile, et si la somme des inconvénients qui en résultent est compensée par celle des avantages que, dans la pensée des législateurs, ce régime devait procurer à notre pays.

Il semble que, grâce au double jeu de l'échelle mobile, on vienne en aide aux agriculteurs dans les années de surabondance, en mettant des entraves à l'importation des grains étrangers.

Il semble aussi que, dans les années de disette, la législation soit favorable aux consommateurs par la facilité de l'importation et au moyen des obstacles mis à l'exportation.

Dans l'exposé des motifs du projet de loi, en 1832, M. le ministre du commerce, parlant des résultats du système, disait : « Par là, les cours conserveront plus de fixité, et nos marchés ne seront plus affectés par des alternatives de surabondance et de disette. »

Ainsi, selon les rédacteurs de la loi, le but du régime de l'échelle mobile était de prévenir les trop grands écarts des prix en hausse et en baisse, et de les maintenir au niveau du prix normal ou rémunérateur.

Or, combien n'avons-nous pas vu d'années où les prix ont été soit élevés, soit bas, depuis que nous vivons sous l'empire de l'échelle mobile! Le but n'a donc pas été atteint; la fixité promise dans les cours n'a donc pas été le résultat de la loi.

Et ce n'est pas seulement en France que l'échelle mobile a manqué son but : il en a été de même de l'échelle anglaise établie par la loi de 1828 (1). Les variations ont été aussi nombreuses, aussi fréquentes en Belgique (2).

Qu'arrive-t-il, en effet, lorsqu'une mauvaise récolte se présente après quelques années d'abondance ? Les importateurs ne se hâtent pas de venir combler le déficit : ils attendent que l'élévation des prix fasse diminuer les droits d'importation.

D'un autre côté, si, après quelques années de mauvaises récoltes, les prix commencent à fléchir, en vue d'une récolte abondante les spéculateurs activent les importations avant que les droits à l'importation se soient élevés davantage.

Ces quantités de grains plus ou moins considérables jetées sur le marché précipitent nécessairement la baisse.

Voilà comment les oscillations, les écarts dans les prix résultent d'un système qui, cependant, a pour but *de conserver aux cours leur fixité !*

En outre, l'échelle mobile nuit certainement aux exportations dans les années d'abondance (3).

---

(1) Voy. le tableau des cours en Angleterre, de 1831 à 1835, dans l'ouvrage du docteur Roscher, p. 171, et de 1835 à 1839, dans les *Conversations* de M. de Molinari.

(2) M. de Molinari, *Conversations*, p. 232.

(3) Ricardo, dans la section 7e de son ouvrage intitulé : *De la Protection accordée à l'Agriculture*, où il établit que sous un régime de droits protecteurs, les prix sont nécessairement soumis à de continuelles fluctuations, s'exprime de la manière suivante : « Les droits protecteurs dirigés contre l'importation des céréales doivent toujours être fondés sur la supposition que les blés étrangers sont moins chers du montant même de ces droits, et que sans cette charge additionnelle ils pénétreraient sur notre marché. Les droits protecteurs seraient parfaitement inutiles si le prix des blés étrangers n'était pas inférieur au nôtre, car, par le fait seul de la liberté du commerce, ces blés seraient exclus de l'importation. On doit donc toujours supposer que la valeur ordinaire et moyenne des céréales dans le pays protégé excède le taux des marchés étrangers du montant

Le commerce, en effet, ne s'approvisionne dans les pays régis par une semblable législation que lorsque le prix des grains est assez bas pour le couvrir du risque qu'il peut courir dans ses spéculations, en raison de l'établissement d'un droit progressif d'exportation qui suit nécessairement la hausse provoquée par ses achats, et auquel il ne lui est pas toujours permis de se soustraire.

Puis, comme compensation, quels sont donc les avantages de ce système? Est-ce l'échelle mobile qui empêche les importations quand il y a surabondance en France, et les exportations dans les années de disette? Est-ce que le commerce importe dans les contrées où les prix sont avilis? Est-ce qu'il va s'approvisionner dans les pays de disette?

L'échelle mobile garantit-elle le producteur contre l'avilissement des prix? Les bas prix de 1848, 1849, 1852 répondent à cette question en confirmant la démonstration qui résultait déjà de la dépréciation des prix dans de précédentes années.

Cette législation garantit-elle le consommateur contre la cherté? Evidemment non; les années 1847, 1853, 1854 en sont encore une preuve récente.

Aussi est-on obligé de faire subir à la législation de profondes modifications, ou plutôt d'en suspendre l'exécution,

---

même des droits restrictifs, et l'on doit aussi en conclure que dans l'hypothèse d'une brillante récolte on ne pourra exporter le blé qu'au moment où les prix ordinaires et moyens auront baissé non-seulement du montant de la taxe, mais encore de la somme des dépenses causées par l'exportation. Sous un régime de liberté commerciale le taux des céréales tendrait constamment à s'équilibrer. La seule différence qui pût l'atteindre alors ne dépasserait jamais sensiblement les dépenses nécessaires pour transporter le blé d'un pays à l'autre. Dans le cas où l'un des pays aurait seul été favorisé par une belle récolte, il trouverait immédiatement à relever ses prix avilis par l'abondance, et le surplus de sa production s'écoulerait au dehors. Mais sous un régime de droits protecteurs ou prohibitifs, la baisse que déterminent une ou plusieurs années d'abondance a le temps de sévir contre le cultivateur et d'entamer sa ruine avant le jour où il peut se relever par l'exportation. » (*Œuvres complètes*, traduction de MM. Constancio et Fonteyraud, p. 672 et suiv.)

dès que les récoltes sont moins abondantes. C'est ce qui a eu lieu en 1847 et en 1853 (1).

(1) En 1847, les grains importés, soit par terre, soit par mer, tant par navires étrangers que par navires français, sans aucune distinction de provenance, ne furent soumis qu'au minimum des droits déterminés par la loi du 15 avril 1832. (Art. 1er, l. 28 janvier 1847.) — Cette loi, qui ne devait avoir effet que jusqu'au 31 décembre 1847, fut prorogée jusqu'au 31 juillet 1848. (L. 22 juillet 1847.)

Le riz, les légumes secs importés de la même manière, et de quelque provenance que ce fût, ne furent soumis qu'à un droit de 25 c. par kilog. (L. 28 janvier 1847.)

Les navires de tous pavillons arrivant des ports de France avec des chargements de grains ou farines, etc., étaient exempts des droits du tonnage. (L. 28 janvier 1847.)

Enfin, la loi accorda au gouvernement la faculté de modifier les droits d'importation des grains et farines de maïs et de sarrasin. (L. 22 juin 1846, art. 8; l. 28 janvier 1847, art. 4; et l. 23 juillet 1847.)

On adopta les mêmes mesures en 1853 :

La surtaxe sur les importations par navires étrangers fut supprimée jusqu'au 31 juillet 1855. (Décret 3 août 1853, art. 1er.) — Cette suppression fut provisoirement maintenue par plusieurs décrets postérieurs.

Les dispositions de la loi du 28 janvier 1847 furent renouvelées provisoirement. (Décret du 18 août 1853.) — Ces dispositions furent successivement prorogées jusqu'au 30 septembre 1859 par divers décrets, dont le dernier est du 30 septembre 1858.

Ainsi aujourd'hui (27 octobre 1858), l'entrée des blés étrangers n'est encore soumise qu'au simple droit fixe de 30 c. par hectolitre, dixième compris, quel que soit le pavillon sous lequel la marchandise est importée. Les menus grains restent aussi soumis au simple droit de balance, savoir : le seigle, 18 c.; l'orge, 15 c.; le maïs, 16 c. 1/2; l'avoine, 10 c. 1/2; le tout par hectolitre et le dixième compris.

En 1847 et en 1853, le gouvernement leva aussi la restriction apportée aux importations de grains par l'ordonnance du 8 février 1826. (Ordon. 7 décembre 1846; circulaire de l'administr. des douanes du 9 décembre 1846; décret 30 juillet 1853; circulaire de l'administration des douanes du 29 janvier 1847.) — Cette restriction est aujourd'hui complètement abrogée par le décret du 10 mai 1854.

Quant à l'exportation des grains et farines en général, elle fut défendue jusqu'au 31 juillet 1855 par un décret du 24 novembre 1854. Cette prohibition fut successivement prorogée par des décrets postérieurs.

Tous ces décrets furent purement et simplement rapportés par celui du 10 novembre 1857, qui ne renfermait aucune disposition sur le droit de sortie : d'où il résulte que l'exportation est aujourd'hui soumise aux tarifs de la loi du 15 avril 1832.

En 1847, une ordonnance du 29 janvier avait prohibé jusqu'au 31 juillet de la même année l'exportation des légumes secs et des pommes de terre. — Une autre ordonnance du 28 janvier 1847 soumettait au maximum des droits l'exportation des grains et farines de maïs et de sarrasin.

Nous croyons donc que la loi de 1832, qui va contre le but que le législateur se proposait, qui ne procure aucun avantage, et dont on est obligé de suspendre l'exécution dans les moments de crise, demande de graves réformes.

L'Angleterre, on le sait, a depuis plusieurs années fait justice du régime de l'échelle mobile.

Les inconvénients de ce régime avaient déjà été reconnus par la partie éclairée de la nation anglaise bien avant les célèbres luttes de la ligue dirigée par Richard Cobden, Georges Wilson et Brigth; bien avant les réformes dues à sir Robert Peel, dont le plan fut adopté par la Chambre des lords le 25 juin 1846.

Les céréales ne furent plus soumises qu'à un droit de 1 schelling par quarter.

Les législateurs anglais accompagnèrent cette réforme de mesures transitoires propres à prévenir les secousses qui pouvaient résulter des changements introduits dans la législation(1).

Enfin, une ordonnance du 29 janvier 1847 prohiba jusqu'au 31 juillet suivant l'exportation des grains et fécules de toute espèce, ainsi que des marrons, châtaignes et farines en provenant.

En 1853, on prohiba aussi la sortie des pommes de terre et des légumes secs. (Décret 1er octobre 1853.)

(1) Je ne propose pas, disait sir Robert Peel, le rappel immédiat des lois sur les céréales; mais dans l'espoir d'arriver à une transaction fiscale, de prévenir d'injustes appréhensions, de donner tout le temps à l'agriculture, pour se préparer à un nouvel état de choses, quoique je propose une continuation temporaire des droits protecteurs, cependant je propose que le bill contienne une clause spéciale portant qu'après un certain laps de temps le grain étranger soit importé dans ce pays en franchise..... Il faut que ce bill prévoie d'avance qu'à cette époque de l'année où il y aurait le moins d'inconvénient à supprimer les droits de protection, c'est-à-dire le 1er février 1849, l'avoine, l'orge, le blé seront seulement soumis au droit nominal que je proposais tout à l'heure d'appliquer au sarrasin. La question qui reste à résoudre est celle-ci : Quel sera l'état intermédiaire de la loi sous ce régime protecteur? Mon opinion, j'ai le droit de le dire, quant aux avantages de pourvoir immédiatement à une grande réduction du droit sur les céréales, reste toujours la même. Je propose donc que, pour le moment, il y ait une grande et immédiate réduction sur le montant des droits, et que ce droit ainsi réduit ne dure qu'un temps limité. Il y aurait ensuite une garantie dans la loi, par une disposition formelle, qu'à l'expiration de cette période le droit existant serait converti en un droit purement nominal......

Le triomphe des sept ligueurs de Manchester eut du retentissement en Europe et particulièrement en France.

Même avant le vote de la Chambre des lords qui consacra ce succès, un écrivain ingénieux et profond, Fr. Bastiat, avait publié en 1845, sous le titre de : *Cobden et la Ligue,* un travail remarquable dans lequel il racontait la formation et les luttes de cette association. Attentif à toutes les discussions, à tous les détails de la Ligue, il formait les vœux les plus sincères pour son triomphe.

Enfin, *l'Association pour la liberté des échanges*, légalement autorisée, dans le programme qu'elle publia au mois d'avril 1847, s'exprimait ainsi : « La législation sur les céréales appelle une grande réforme. Le système de l'échelle mobile est maintenant jugé. Le commerce, qui, pour se livrer avec sécurité à des entreprises de longue haleine, demande des bases stables, ne trouvant que la mobilité, s'abstient, et les opérations commerciales sur les grains ne commencent que quand la disette est déclarée. Ce qui prouve surabondamment non-seulement l'impuissance, mais aussi les dangers de ce système, c'est que, nous le voyons en ce moment, on l'aban-

---

Nous proposons, en conséquence, que la durée de la loi soit de trois années, et établie de la manière suivante : jusqu'au 1er février, les droits perçus à l'importation sur le blé de provenance étrangère sont réglés comme il suit d'après les mercuriales : si le quarter du blé est au-dessous de 48 schellings, le droit sera de 10 sch.; entre 50 et 51, 7 sch.; de 51 à 52, 6 sch.; de 52 à 53, 5 sch.; et quand le prix du grain, ainsi qu'il est coté, excédera 53 sch., il y aura un droit invariable de 4 sch.; et cela, afin qu'on ne soit pas tenté d'accaparer le grain, quand son prix excédera 54 sch. pour arriver jusqu'à 1 sch. de droit. Il serait donc maintenant perçu sur le blé, au lieu d'un droit de 16 sch., un droit de 4 sch., et toute autre espèce de grains au prix actuel, sortie de l'entrepôt pour la consommation du marché intérieur, sera sujette à un droit nominal. Quant à cette espèce de grains, ses droits subiront une réduction correspondante à celle qu'aura subie le froment. »

Voyez, du reste, sur la ligue et les réformes dues à sir Robert Peel, *Richard Cobden et la Ligue*, par J. Garnier; la *Protection et la Prohibition en France et en Angleterre*, par M. Lavollée (*Journal des Economistes*, février et mars 1851); *Abolition des Lois sur les Céréales*, par M. Fonteyraud (*loc. cit.*, juillet 1846); *Sir Robert Peel*, par M. de Molinari (*loc. cit.*, août 1850).

donne lorsque les circonstances deviennent graves. Si les céréales devaient continuer d'être frappées d'un droit de douane, il faudrait que ce fût un droit fixe d'une quotité déterminée. »

L'*Association* demandait la substitution d'un droit fixe de 2 francs par hectolitre de blé au régime de l'échelle mobile. Elle demandait aussi que, dans la période de transition où l'on maintiendrait un droit sur les céréales, le droit sur les farines, qui, disait-elle, présentement est exagéré relativement à celui des grains, y fût exactement proportionnel.

Ce fut la dernière protestation qui eut lieu sous le gouvernement de 1830 contre la législation de l'échelle mobile. La monarchie de juillet était, quelques mois plus tard, emportée par la révolution.

CHAPITRE V

Observations sur la législation actuelle.

La liberté de la circulation des céréales à l'intérieur est un principe constant, consacré par la loi (1), maintenu par l'autorité, et qui, d'ailleurs, ne peut plus éprouver aujourd'hui les obstacles qu'il rencontrait dans l'organisation politique et administrative de l'ancienne France.

La libre circulation est aussi favorisée par plusieurs dispositions spéciales de notre législation : telles sont, par exemple, les clauses insérées dans les cahiers des charges, par lesquelles on impose un maximum aux compagnies de chemins de fer pour le prix du transport des grains.

Toutefois, la circulation est assujettie, dans le rayon des

(1) Art. 1er, l. 21 prair. an V.

douanes, à plusieurs mesures restrictives, même lorsque des circonstances exceptionnelles ne font pas prohiber entièrement l'exportation. Ainsi, l'obligation du passavant exigé par la loi du 26 ventôse an V existe encore (1) avec son cortège d'inscriptions, d'acquits à caution, de vérifications, de limitations, etc.

La liberté du commerce intérieur des grains est aussi soumise à plusieurs restrictions d'après une jurisprudence constante.

Plusieurs auteurs pensent même que le décret du 4 mai 1812 devrait recevoir son application dans les circonstances difficiles pour les subsistances (2). « Il ne peut être abrogé, dit M. Laferrière, que dans celles de ses dispositions *qui seraient contraires à la liberté des mouvements et des spéculations du commerce* » (3).

Mais ne doit-on pas considérer comme telle la défense de faire les achats de grains ou farines pour les garder, emmaganiser et en faire un objet de spéculation ? N'en est-il pas de même de l'obligation d'acheter publiquement ; de faire la déclaration à l'autorité administrative des quantités qui se trouvent en magasin ; de garnir les marchés indiqués par l'administration ? Ne doit-on pas en dire autant de la défense de vendre ou d'acheter ailleurs que dans les marchés ; de la défense d'acheter à d'autres heures que celles qui sont déterminées ? Est-ce que toutes ces prescriptions du décret de 1812 n'entravent pas les mouvements, la liberté du commerce, ne gênent pas ses spéculations ? Et, s'il en est ainsi, comment se fait-il que M. Laferrière décide que le décret de 1812 n'est pas abrogé, quand il reconnaît cependant qu'il doit l'être dans toutes les dispositions qui nuiraient à la liberté des mouvements et des spéculations du commerce ?

---

(1) Arrêté du 22 therm., an X ; — arrêt, C. c., 20 janvier 1840 ; — Dev., 1840, 1, 110.

(2) M. Laferrière, *Cours de Droit publ. et admin.*, p. 300, 2e édit.

(3) *Loc. cit.*

Nous préférons bien l'opinion de ceux qui pensent que le décret de 1812 est une loi de circonstance qui renfermait des mesures temporaires, et qui n'a pas survécu aux évènements qui l'avaient fait naître (1).

Mais si les gênes et les restrictions ne sont plus imposées directement au commerce par les textes de la loi, il en est encore plusieurs qui, selon la jurisprudence de la Cour de cassation, peuvent résulter des règlements municipaux.

Ainsi, la Cour régulatrice reconnaît à l'autorité municipale le droit de défendre la vente hors des marchés, en s'appuyant sur la disposition du n° 4 de l'art. 3, tit. 10, de la loi des 16-24 août 1790, qui met au nombre des objets de police confiés à la vigilance et à l'autorité des corps municipaux *l'inspection sur la fidélité du débit des denrées qui se vendent au poids, à l'aune ou à la mesure* (2).

La même Cour, en se fondant sur le n° 3 du même texte, décide aussi que l'autorité municipale peut interdire l'entrée des marchés aux meuniers, boulangers, blatiers ou marchands de grains avant une heure déterminée (3).

Sans doute, on peut soutenir que la Cour de cassation tire de la loi de 1790 des conséquences qu'il semble difficile de faire résulter de son texte. Ainsi, par exemple, quant à la dernière décision que nous venons de rappeler, on serait peut-être fondé à dire : Le maintien du *bon ordre* dans les marchés est bien confié à la vigilance de l'autorité municipale; mais, de deux choses l'une, ou la loi défend aux meuniers, boulangers et marchands de grains d'acheter avant une certaine heure, ou elle ne le leur défend pas. Dans le premier cas, l'autorité municipale a le droit de faire des règlements pour leur interdire l'entrée avant l'heure déterminée, car ces règlements auront, en effet, pour but de main-

(1) M. de Gérando, *Inst. de Droit administratif*, t. 1, p. 78, note 1re; — M. Emion, *Législ., Jurisprud. et usages du Comm. des Céréales*, p. 195.

(2) Voy. arr. des 3 mai 1811 (Dev., III, 1, 340); — 24 février 1820 (Dev., VI, 1, 188); — 12 avril 1834 (Dev., 1834, 1. 286).

(3) Voy. arrêt, 17 avril 1841 (Dev., 1841, 1, 877).

tenir le bon ordre, en d'autres termes, d'empêcher toute infraction à la loi ; mais, dans le second cas, la faculté de réglementer doit être refusée à l'autorité municipale, puisque le bon ordre ne peut être troublé par les marchands en entrant dans des lieux publics où la loi leur permet d'entrer à toute heure. Or, pourrait-on ajouter, la loi du 21 prairial de l'an V, qui est encore en vigueur, en dispensant les marchands de grains et blatiers des *bons* de municipalités dont ils étaient autrefois obligés de se munir pour faire leurs achats dans les marchés, renvoie simplement aux usages des lieux où ces marchands ne pouvaient acheter qu'aux heures indiquées; et par cela seul qu'elle s'en remet aux usages d'une manière exceptionnelle, elle décide virtuellement que la défense n'est plus dans la règle générale.

Mais l'opinion contraire est consacrée par une jurisprudence formelle.

Il est une autre prohibition reconnue également par la jurisprudence de la Cour de cassation (1), et admise par la majorité des auteurs (2).

Nous voulons parler de la prohibition concernant la vente des grains en vert et pendants par racines. Cette règle, que l'on trouve établie à l'origine de notre législation (3), et souvent renouvelée par les ordonnances, fut reproduite par la loi du 3 messidor an III.

Enfin, parmi les règles spéciales à la ville de Paris, il existe encore plusieurs dispositions qui sont autant de vestiges de l'ancien régime prohibitif ou réglementaire.

Aux termes de l'art. 1er de l'ordonnance de police du 25 no-

---

(1) Cassat., 12 mai 1848. (Dev., 1848, 1, 416.)

(2) Merlin, Rép., v° *Vente*, § 1er, art. 1er, n° 6; — Toullier, t. 6, n° 118; — Duranton, t. 16, n° 160 ; — Duvergier, *Vente*, t. 1er, n° 232; — Troplong, *Vente*, 1, 223 ; Zachariæ, 2, § 351.

(3) Elle était décrétée, par le 25e capitulaire de Charlemagne, de l'Appendice 2 du livre 4 : *De his qui vinum et annonam vendunt, antequam colligant, et per hanc occasionem pauperes efficiuntur, ut fortiter constringantur, ne deinceps fiat.*

vembre 1829, les grains amenés à Paris sans destination particulière doivent être transportés à la halle ou sur les ports (1) pour y être vendus.

Il est défendu d'aller au-devant des voitures ou des bateaux pour arrher ou acheter des grains (2).

Les grains ayant une destination particulière doivent y être conduits sans pouvoir en être détournés sous quelque prétexte que ce soit, et cette destination doit être justifiée par des lettres de voiture sur papier timbré datées du lieu de départ et dûment légalisées (3).

Selon l'art. 2 de la même ordonnance de 1829, « il est défendu de colporter des grains et grenailles, d'en vendre et d'en acheter en route, sur les chemins, dans les auberges et cabarets, dans les rues de Paris, notamment au pourtour et aux abords de la halle aux grains et farines, sous peine de confiscation et de 1,000 francs d'amende. (Déclaration du roi du 19 avril 1723.) »

Il est vrai que la déclaration de 1723, visée par l'ordonnance de 1829, a été abrogée par l'arrêt du Conseil du 13 septembre 1774; et nous doutons par conséquent que l'énorme pénalité édictée par cette ordonnance puisse être appliquée.

Mais le préfet de police exerçant à Paris les fonctions confiées aux maires dans les départements, notamment en ce qui concerne l'inspection sur la fidélité du débit des denrées, l'infraction au règlement pris par lui sur ce point tomberait probablement sous le coup de la disposition de l'art. 471, n°15, du Code pénal (4).

Telles sont, en résumé, les principales dispositions réglementaires auxquelles le commerce intérieur est encore actuellement assujetti, du moins d'après l'interprétation la plus générale ; car presque toutes les règles que nous venons

(1) La vente sur les ports n'a plus d'importance depuis l'établissement des chemins de fer.

(2) Art. 3, ord. précitée.

(3) Art. 4, ord. précitée.

(4) Voy. M. Emion, *loc. cit.*, nos 556 et suiv.

d'exposer sont l'objet de sérieuses controverses, et n'ont point, il faut bien en convenir, cette netteté, cette précision si désirables dans les dispositions de la loi, et surtout d'une loi qui régit une matière aussi importante.

Apprécions néanmoins l'utilité des restrictions que nous venons d'énumérer.

La défense très ancienne de vendre ou d'acheter ailleurs que dans les marchés était autrefois souvent renouvelée. Les anciens législateurs pensaient, par cette disposition, arrêter plus facilement les manœuvres des accapareurs; et, d'un autre côté, la vente hors des marchés privait les fermiers des domaines du roi et les seigneurs des droits qu'ils percevaient sur les grains (1).

Or, sous le premier rapport, l'utilité de la défense est aujourd'hui au moins problématique en présence du principe de la libre concurrence.

Quant au second motif qui faisait édicter cette disposition, il n'existe plus.

Les anciens législateurs pensaient aussi que les ventes faites dans les greniers diminuaient l'abondance dans les marchés publics (2). Mais n'était-ce pas encore un faux point de vue? Ou la vente dans les greniers est faite à des négociants, ou elle est faite à des consommateurs : dans le premier cas, les blés achetés dans les greniers reviendront aux marchés; dans le second, la proportion entre l'offre et la demande ne sera pas changée, car si la quantité de grains qui devait être conduite aux marchés est moindre, la somme des besoins aura diminué également (3).

Au surplus, pense-t-on que l'obligation de vendre ou d'acheter dans les marchés ait pour résultat nécessaire de déterminer les prix d'après les besoins et les moyens de les satisfaire?

---

(1) Voy. le préambule de l'ord. du 19 avril 1723.

(2) Voy. le préambule précité.

(3) Voy. Necker, *Législation et Commerce des Grains*, 3e partie, ch. 8, p. 307, édit. Guillaumin.

Nullement. Ce résultat serait peut-être atteint si l'on pouvait mettre en présence la totalité de l'offre et de la demande. « Malheureusement, dit le docteur Roscher, cela paraît impossible, tant à cause du grand nombre de marchés publics d'un pays que du morcellement de la vente annuelle dans chaque localité, en cinquante ou cent journées de marché, ou davantage. Le consommateur n'achète chaque fois qu'une faible quantité, et le producteur n'apporte que ce qu'il pense suffire pour la faible demande qu'il prévoit. Lorsque, par hasard, la demande dépasse la moyenne ordinaire, les prix haussent rapidement, et produisent une panique qu'on aurait évitée si le marchand avait pu s'adresser directement à la ferme » (1).

Non-seulement la défense de vendre ailleurs que dans les marchés n'a, selon nous, aucune utilité, mais elle occasionne dans les ventes et les achats faits en temps ordinaires des frais nuisibles aux producteurs et aux consommateurs ; elle contrarie les grandes spéculations du commerce dans les années où les grains sont à bas prix, et causent des retards qui peuvent être très préjudiciables dans les temps de cherté. Ajoutons, enfin, que tout achat quelque peu considérable dans le même marché fait hausser les prix, répand l'alarme, et que bien des négociants, craignant de soulever l'esprit du peuple, renoncent à des spéculations qui cependant auraient souvent pour effet de secourir des besoins pressants (2).

Peu importe que la défense soit faite directement par la loi ou qu'elle procède d'un règlement municipal, les inconvénients que nous venons de signaler sont les mêmes. Ils sont peut-être encore aggravés par l'incertitude et l'arbitraire qu'un tel système laisse subsister.

Maintenant, la disposition des règlements qui interdit l'entrée dans les marchés à une ou plusieurs catégories d'acheteurs

---

(1) P. 138 et suiv. Traduction de M. Block.

(2) Voy. Turgot, préambule de l'arrêt du 13 sept. 1774. — Necker, *loc. cit.*, p. 309.

avant une heure déterminée n'offre-t-elle pas aussi des inconvénients d'une autre nature? Cette défense, en diminuant la concurrence, en suscitant des gênes, des entraves, en occasionnant une perte de temps pour les vendeurs, ne nuit-elle pas à l'approvisionnement des marchés?

Ceux, d'ailleurs, qui ne peuvent pas acheter eux-mêmes font leurs achats par personnes interposées, et l'exécution d'un tel règlement est assez difficile, surtout dans les grandes villes.

Enfin, les vendeurs préfèrent conduire leurs denrées dans les marchés voisins qui ne sont pas soumis aux mêmes règlements, et où la concurrence leur offre plus d'avantages pour la vente (1).

Les mêmes inconvénients sont la conséquence des règlements qui gênent les mouvements des vendeurs par la défense de vendre sur les routes, sur les chemins, dans les auberges.

Il ne nous reste plus que quelques mots à dire de la défense de vendre volontairement les blés en vert et pendants par racines.

Cette vieille disposition, si souvent reproduite par les anciennes ordonnances, a été édictée dans des temps d'ignorance et de monopole.

Elle fut renouvelée par la Convention, probablement aussi par suite du même esprit de défiance contre le commerce

---

(1) En 1847, dit le docteur Roscher, on exhiba sur le marché de Dresde ce qu'on appelle un *marktwisch*, indiquant qu'il est défendu à toute personne qui n'a pas l'honneur d'être *bourgeois* de Dresde, achetant pour sa propre consommation, de faire une acquisition quelconque sous peine de prison; c'est seulement lorsque ce *marktwisch* était descendu qu'un étranger pouvait acheter. Qu'en est-il résulté? Quoique située dans une contrée fertile, sur les bords de l'Elbe et au point central d'un important réseau de chemins de fer, Dresde, qui renferme à elle seule de nombreux consommateurs, et qui doit fournir de grains une partie de l'*Erzgebirge*, n'avait qu'un marché insignifiant. En position d'être un marché aux grains de premier ordre, elle dut, selon M. Renning, s'approvisionner au marché d'une petite ville située à cinq lieues d'elle. (P. 138.)

des grains, qui dicta plusieurs lois de la période révolutionnaire.

Ces ordonnances et cette loi de messidor de l'an III « se ressentent, comme l'a très bien dit M. Troplong (1), de l'esprit de l'époque à laquelle elles ont été portées, et des préjugés qui faisaient croire que pour prévenir les famines il fallait opposer des entraves au commerce des grains. »

La loi de messidor de l'an III est donc un anachronisme au sein de notre législation. Cette loi peut d'ailleurs, dans certains cas, nuire à l'agriculteur, qu'elle veut protéger, et à quelques procédés utiles de l'exploitation agricole.

Il nous semble, enfin, que l'intérêt public est suffisamment sauvegardé par la loi qui punit les manœuvres tendant à faire renchérir les denrées, et que le législateur pourrait, sans grand inconvénient, laisser à chacun le soin de défendre ses intérêts.

Nous avons vu dans le chapitre précédent que le commerce extérieur était en ce moment soumis à une législation temporaire, dont les prescriptions doivent cesser d'être en vigueur le 30 septembre 1859. Le législateur laissera-t-il revivre ensuite la loi *provisoire* de 1832, que nous avons appréciée dans le même chapitre? Modifiera-t-il cette loi en conservant le principe de l'échelle mobile? Substituera-t-il un droit fixe aux droits mobiles? Abrogera-t-il, enfin, complètement la législation sur les céréales, pour établir la liberté illimitée du commerce des grains? Nous ne savons. Mais tous nos vœux, nous ne le dissimulerons pas, sont pour l'adoption d'une sérieuse et profonde réforme, qui ait pour but de faire disparaître les inconvénients que nous avons signalés et qui sont la conséquence du mécanisme de l'échelle mobile. En consacrant un système plus large, plus favorable à la liberté des transactions, nous pensons que l'on concilierait mieux les intérêts du producteur et ceux du consommateur.

Sous l'empire d'une semblable législation, la France four-

(1) *De la Vente*, nº 223.

nirait ses produits à l'Angleterre sa voisine, qui vit sous un régime de liberté, et qui a des besoins à satisfaire; notre commerce ferait encore de nombreuses exportations en Suisse, en Belgique, en Hollande; puis la France recevrait par ses ports du midi de nouveaux approvisionnements. On comprend que ce serait là un aliment considérable pour l'activité commerciale de notre pays et une source féconde de prospérité, sans que l'on ait à craindre, comme les partisans du système de l'échelle mobile l'ont si souvent répété, l'anéantissement ni même l'appauvrissement de notre agriculture.

Lorsque le commerce serait ainsi développé; lorsque, par son action incessante, des masses de céréales seraient amenées des pays étrangers, la France aurait moins à redouter les mauvaises années; le gouvernement aurait moins aussi à se préoccuper de ces moyens, de ces mesures, de ces remèdes auxquels l'administration recourt lorsque nos récoltes manquent, et dont nous apprécierons bientôt l'efficacité.

« Personne, dit le *Chevalier* dans les *Dialogues* de l'abbé Galiani, n'est assez dupe pour traverser sans s'arrêter toute une province où le blé est à un prix considérable, refuser de le vendre, et aller chercher une fortune incertaine plus loin » (1).

On ne peut nier que ce que Galiani faisait observer au sujet d'une province vis-à-vis d'autres provinces d'un même Etat ne puisse, quoi qu'il en ait dit, s'appliquer à la France dans ses rapports avec les autres nations sous un régime de liberté, surtout si on veut bien se rappeler les faits, les évènements divers, les rapports nouveaux qui sont nés depuis que le spirituel abbé écrivait son livre.

(1) P. 14, édit. Guillaumin.

CHAPITRE VI

Mesures d'administration générale prises soit avant, soit pendant les temps de disette ou de cherté.

Si nous voulions faire connaître tous les procédés, tous les moyens, tous les remèdes qui ont été imaginés par divers écrivains ou mis en pratique par plusieurs gouvernements étrangers pour atténuer les effets de la disette ou de la cherté, il faudrait ajouter à ce volume un autre volume sans doute plus considérable.

Heureusement, notre tâche est plus restreinte, car nous ne devons nous occuper que des mesures qui ont été prises en France, à diverses époques, par les gouvernements.

Nous en avons déjà mentionné quelques-unes dans l'exposé de la législation qui a fait l'objet des chapitres précédents. Nous n'y reviendrons pas.

Celles dont il nous reste à parler sont de deux sortes : les unes ont été prises avant la disette ou la cherté; les autres pendant l'existence de la crise. Nous en parlerons dans les deux sections suivantes.

SECTION Ire. — *Mesures préventives.*

Les principales mesures prises par les gouvernements, pendant les années ordinaires, dans le but de pallier les effets de la disette ou de la cherté, sont le dépôt de réserves administratives dans des greniers publics, et les réserves imposées aux boulangers.

§ 1er. — Greniers publics.

La création de greniers publics ou d'abondance renfermant des grains achetés avec des deniers publics, et conservés par les soins des agents de l'administration, a été quelquefois tentée en France ; mais elle n'a jamais eu de bien grands résultats.

Le règlement du 4 février 1567 portait : « Permet et néanmoins enjoint leditseigneur aux officiers et magistrats des corps communs des bonnes villes, mêmement de la ville de Paris, de faire pourvoyance et réserve en greniers publics de telle quantité de grains qu'elle puisse servir de prompt secours en cas de nécessité, et suffire pour fournir les habitants desdites villes l'espace de trois mois pour le moins, et pour cet effet leur permet ledit seigneur prendre deniers à intérêt et y obliger tous leurs biens et revenus. »

On sait que les troubles qui survinrent après ce règlement en empêchèrent l'exécution.

Cette disposition fut renouvelée dans le règlement du 27 novembre 1577 ; mais nous ne sachions pas qu'elle ait été mieux exécutée.

Ces réserves n'avaient déjà plus à cette époque l'utilité qu'elles pouvaient offrir au moyen âge, où le défaut de sécurité devait nécessairement obliger chaque ville à avoir ses magasins publics pour subvenir à la nourriture des habitants dans le cas de siège.

Après l'abondance des années 1686 et 1687, on pensa aussi à établir des greniers publics dans chaque province. On créa même 500,000 livres de rente, dont le capital était destiné à cette entreprise. Mais ce projet fut abandonné, et les fonds furent appliqués aux frais nécessités par les préparatifs de la guerre (1).

Forbonnais, qui nous fournit ce détail, s'exprimait ainsi sur ce projet : « Ces dépôts sont très coûteux au prince, soit pour l'établissement, soit pour l'entretien ; la moindre négligence emporte avec elle de grandes pertes, et si le trésor public n'est pas assez riche pour les supporter, l'expédient ordinaire est de les faire supporter au peuple. On ne peut y

(1) Forbonnais, *Rech. sur les Fin.*, t. 2, p. 39 et suiv.

réussir sans monopole, ce qui détruit l'agriculture; et dans un pays où l'esprit du fisc avait prévalu depuis tant de siècles, les hommes un peu prévoyants n'osaient se promettre qu'un jour il ne s'étendît sur cet objet délicat.

« On peut encore, ajoutait Forbonnais, y trouver un inconvénient plus considérable, c'est l'inutilité. Pourquoi faire entrer le monarque dans des dépenses que ses sujets sont prêts à faire, s'ils en ont la permission; dépenses que leur concurrence, si elle est animée et connue tout à la fois, poussera plus loin et avec plus de bénéfice, soit pour l'agriculture, soit pour le consommateur » (1).

Il est vrai qu'à l'époque dont parle Forbonnais on pouvait penser que le gouvernement, par les magasins publics qu'il voulait établir, n'aurait pas cherché à bénéficier sur les grains; on peut penser aussi qu'il aurait ouvert les greniers d'abondance lorsque les besoins de la nation l'auraient exigé, tandis que les accapareurs qui existaient, par suite du défaut de concurrence, conservaient longtemps l'espoir de vendre au-dessus du prix courant, et n'ouvraient souvent leurs greniers que lorsque les besoins étaient moins impérieux.

Mais sous l'empire d'une législation qui oppose la puissance de la libre concurrence aux accaparements, le moindre défaut des greniers publics c'est évidemment d'être une superfétation.

Plus tard, la Convention, par un décret du 9 août 1793, ordonna aussi l'établissement de greniers d'abondance dans chaque district.

La trésorerie nationale devait tenir 100 millions à la disposition du Conseil exécutif, sous la surveillance immédiate des Comités de salut public et des finances, pour l'achat des grains.

Cette somme devait être prise dans la caisse à trois clefs, sur la réserve de 498,200,000 livres décrétée le 6 juin 1793.

Les citoyens étaient invités à acquitter en nature, dans les

(1) *Loc. cit.*, p. 39.

greniers d'abondance, les contributions publiques arriérées ou courantes, en totalité ou en partie.

Mais ce décret resta, comme les autres règlements dont nous avons parlé, sans exécution.

D'ailleurs, le système des greniers publics n'est vraiment pas praticable dans un grand Etat et lorsqu'il s'agit d'une population aussi nombreuse que celle de la France.

« En évaluant, dit J.-B. Say, au tiers le déficit d'une mauvaise récolte, il ne s'élèverait pas en France à moins de 20 millions d'hectolitres, dont la valeur moyenne est de 18 francs; ce qui fait 360 millions pour la valeur des blés qu'il faudrait toujours avoir en magasin, sans compter la valeur des édifices, des manipulations et des ustensiles nécessaires pour loger et soigner cette immense provision » (1).

Non-seulement les frais d'entretien de semblables réserves seraient considérables, mais à combien de chances de détérioration et de pertes ne seraient-elles pas exposées !

Nous avons passé sous silence la déclaration de 16 avril 1737, qui prescrivit l'établissement, en la maison de Salpétrière, d'un grenier contenant au moins dix mille muids de blé. Cette déclaration était applicable à la ville de Paris seulement.

D'autres dépôts de cette nature furent aussi mis en pratique pour la ville de Paris, sous le Consulat et sous l'Empire. Ainsi, depuis 1803, il fut formé, par les soins du ministère de l'intérieur et de l'administration de Paris, un approvisionnement assez considérable, qui fut encore augmenté en 1805.

Nous avons vu ailleurs comment et dans quelles circonstances cette réserve fut, en 1811, mise à la disposition de l'administration des vivres.

On ne refit point cet approvisionnement en 1812, 1813, 1814, 1815, ni pendant la disette des premières années de la Restauration.

(1) *Cours d'Econ. polit.*, t. 2, p. 182, 2e édit. Guillaumin. — Voy. aussi ce que dit le marquis de Mirabeau dans ses *Lettres sur le Commerce des Grains*, p. 275 et suiv.

On le renouvela ensuite, et on le maintint jusqu'en 1830, époque à laquelle on renonça à cette mesure, en présence des critiques nombreuses dont elle avait été l'objet et des inconvénients assez graves qui avaient été signalés.

§ 2. — Réserves imposées aux boulangers.

Dans son traité de *la Législation et du Commerce des Grains,* Necker conseillait, comme mesure importante, un approvisionnement de blé par l'entremise des boulangers dans les villes et dans les gros bourgs, mais seulement pendant une partie de l'année. Cette réserve devait être équivalente au débit des boulangers pendant un mois, sauf à augmenter encore, disait-il, cette quantité dans la suite, après les conseils de l'expérience.

Mais Necker ne croyait cet approvisionnement nécessaire que du 1er février jusqu'au 1er juin dans les climats de la France où la moisson se fait dans le mois de juillet, et, proportion gardée, dans les provinces du Midi.

Il pensait qu'au 1er juin les boulangers devaient avoir la libre disposition de cette réserve, vu qu'alors, disait Necker, la vente graduelle de cette même provision et ensuite l'abondance des nouveaux blés suffiraient parfaitement pour préserver de toute inquiétude. Il ajoutait : « Il me paraît raisonnable d'éviter tout amas constant de blés qui n'est pas nécessaire, puisque c'est un capital rendu inutile et un moyen même de renchérir la denrée » (1).

Les deux époques de février et de juin fixées par Necker avaient pour but d'inviter les boulangers à former leur provision dans l'intervalle, c'est-à-dire pendant les mois où les grains sont à meilleur marché.

Cette idée de Necker n'a pas été suivie par les gouvernements qui se sont succédé en France, ou du moins elle n'a

---

(1) 4e partie, ch. 4, p. 334 et suiv., édit. Guillaumin.

été mise en pratique qu'en lui faisant subir de profondes modifications.

Ainsi, d'après l'art. 2 de l'arrêté des consuls du 19 vendémiaire an X, on ne put obtenir la permission d'être boulanger à Paris qu'en se soumettant à avoir constamment dans son magasin, outre le dépôt de garantie dans le magasin public, un approvisionnement de farine première qualité de soixante sacs au moins du poids de 325 livres pour un établissement faisant par jour six fournées de pain et au-dessus; de trente sacs pour les boulangeries faisant de quatre à six fournées; enfin, de quinze sacs pour les boulangeries faisant moins de quatre fournées.

Cet approvisionnement fut ensuite porté, par l'art. 1er de l'ordonnance du 21 octobre 1818, à cent quarante sacs du poids de 159 kilog. pour les boulangers cuisant par jour quatre sacs de farine; à cent dix sacs pour ceux qui cuisaient trois sacs; à quatre-vingts pour deux sacs; enfin, à trente pour les boulangers cuisant au-dessous de deux sacs.

Le mode de fixation de la quotité de l'approvisionnement de chaque boulanger fut soumis à de nouvelles bases par l'art. 4 de l'ordonnance de police du 13 avril 1842.

Suivant cette disposition, cet approvisionnement dut être composé de la manière suivante :

Première classe, poids net, 219 quintaux 80 kilog. de farine de première qualité; deuxième classe, poids net, 172 quintaux 70 kilog.; troisième classe, poids net, 125 quintaux 60 kilog.; quatrième classe, poids net, 47 quintaux 10 kilog.

Une ordonnance royale du 19 juillet 1836, qui était restée inexécutée par suite de certaines difficultés d'application, avait augmenté le dépôt de garantie des boulangers des trois cinquièmes de leur approvisionnement particulier.

Un arrêté de police du 29 août 1842 leur enjoignit de nouveau d'exécuter cette ordonnance, de sorte qu'ils continuèrent à avoir dans leurs magasins particuliers la portion de l'approvisionnement de farine réglé par l'ordonnance royale du 21 octobre 1818, dont l'ordonnance du 19 juillet 1836 n'avait pas prescrit le dépôt dans le magasin public.

En vertu du décret du 1er novembre 1854, le dépôt d'approvisionnement se compose, tant pour Paris que pour les autres communes du département, de la quantité de farine nécessaire pour alimenter pendant trois mois la fabrication de chaque établissement de boulangerie, suivant la classe dans laquelle il est placé. En conséquence, les dépôts sont : première classe, de 84,780 kilog. (cinq cent quarante sacs); deuxième classe, de 63,585 kilog. (quatre cent cinq sacs); troisième classe de 49,455 kilog. (trois cent quinze sacs); quatrième classe, de 35,325 kilog. (deux cent vingt-cinq sacs); cinquième classe, de 21,195 kilog. (cent trente-cinq sacs).

Le dépôt de garantie des boulangers de Paris est compris dans les quantités que nous venons d'indiquer (1).

A Paris, un septième de l'approvisionnement est conservé par chaque boulanger dans son magasin particulier. Les six autres septièmes sont déposés dans des magasins publics fournis par la ville de Paris. Dans les autres communes du département de la Seine, des arrêtés spéciaux fixent la quantité d'approvisionnement qui doit être déposée dans les magasins publics fournis par les communes, et déterminent les locaux où le dépôt doit être effectué. Le surplus est conservé par les boulangers dans leurs magasins particuliers (2).

En cas d'application de la disposition de l'art. 5 du décret du 27 décembre 1853, dont nous parlerons plus loin, les boulangers peuvent être autorisés à employer tout ou partie des farines formant leur dépôt d'approvisionnement (3).

Telles sont les règles qui ont régi et celles qui régissent aujourd'hui l'approvisionnement des boulangers de Paris et du département de la Seine.

Quant aux villes des autres départements, divers décrets

---

(1) Art. 8, décret 1er novembre 1854.
(2) Art. 9. — (3) Art. 10.

de l'Empire et plusieurs ordonnances royales postérieures obligeaient les boulangers à avoir un certain approvisionnement.

Ainsi, par exemple, celui des boulangers de Marseille était de trente sacs au moins de 15 myriag. pour les boulangers de première classe ; de vingt sacs pour les boulangers de deuxième classe; de dix sacs pour les boulangers de troisième classe (1).

A Thionville, il était de 5,000 kilog., 4,000 kilog., 2,200 kilog., selon les classes (2).

Ce régime était établi dans plus de cent soixante villes ; mais dans un grand nombre les réserves avaient été fixées à des quotités presque insignifiantes. C'est seulement à une date récente que les boulangers de Lyon avaient été assujettis à des approvisionnements représentant au moins trois mois de leur consommation journalière (3).

Cette mesure vient d'être généralisée par un décret du 16 novembre 1858, en vertu duquel l'approvisionnement de réserve des boulangers dans toutes les villes où la boulangerie est réglementée par des décrets ou des ordonnances, et dont le tableau est annexé au décret, est fixé à la quantité de grains ou de farine nécessaire pour alimenter la fabrication journalière de chaque établissement de boulangerie pendant trois mois.

Le décret confie aux préfets la mission de déterminer, après avoir pris l'avis des administrations municipales, le délai dans lequel les réserves doivent être constituées, et si elles doivent l'être en grains ou en farines, ou bien encore, comme le porte la circulaire du 17 novembre 1858, simultanément à l'aide de chacune de ces denrées.

Le décret confie aussi aux préfets le soin de fixer la portion

---

(1) Voy. art. 2, décret 22 décembre 1812.

(2) Ord. 31 octobre 1827.

(3) Voy. circulaire de M. le ministre de l'agriculture et du commerce, en date du 17 novembre 1858. — Voy. cette circulaire à l'Appendice, lettre (*e*).

de ces approvisionnements qui pourra être déposée dans des magasins publics.

Aux termes de la circulaire précitée, les boulangers devront le plus possible, pour ces dépôts, utiliser les dépendances de leurs magasins, et les municipalités sont invitées à organiser ou à mettre à la disposition de la boulangerie des magasins publics propres à recevoir, moyennant un prix de location déterminé par des tarifs, le complément de toutes les réserves.

M. le ministre pense qu'il serait peut-être bon que les municipalités, à l'instar de ce que fait la Caisse de Paris, créassent des ressources qui seraient employées en avances à la boulangerie; et, pour encourager ces avances, les faciliter et les multiplier par la circulation, les magasins destinés à recueillir les réserves pourraient recevoir le caractère de *magasins généraux* et délivrer des *warrants*.

La circulaire laisse entrevoir la pensée que le gouvernement aurait d'étendre à d'autres localités les dispositions de ce décret.

Nous nous abstiendrons ici de toute réflexion.

Nous ne parlerons ni des résultats que cette mesure est destinée à produire, ni de l'influence qu'elle pourra avoir sur le prix des céréales et sur le commerce de la boulangerie, ni des inconvénients ou des difficultés que l'administration pourra rencontrer dans son application.

On approuvera le sentiment de haute convenance qui nous dicte ce silence au sujet d'une mesure qui vient d'être prise et qui n'est même pas encore organisée.

SECTION II. — *Mesures prises pendant la disette ou la cherté.*

Les mesures les plus importantes qui ont été prises en France pour remédier aux maux de la disette ou de la cherté sont, outre les divers moyens employés en 1693, 1694 et 1709, le *maximum*, les achats de grains faits par le gouvernement, les primes, la suspension du travail dans les brasseries et distilleries. Nous en ferons l'objet d'autant de paragraphes, et nous terminerons en rappelant, pour être complet, les diverses mesures prises par le gouvernement actuel pendant la cherté de 1853 et des années suivantes.

§ 1er. — Mesures diverses pendant les disettes de 1693, 1694 et 1709.

A la fin du XVIIe siècle et au commencement du XVIIIe la France éprouva pendant plusieurs années les maux de la disette. Une législation de plus en plus réglementaire, de plus en plus rigoureuse et tyrannique, révèle suffisamment les embarras de l'administration et les crises affreuses que notre pays eut à traverser.

On peut lire dans le *Traité de la Police* de Delamare le récit de la misère générale, des malheurs, des séditions et des désordres occasionnés par la cherté des subsistances (1).

Voici, en résumé, quelles furent les principales mesures prises par l'administration pendant les années 1693 et 1694.

Il fut défendu de faire des amas ou magasins de grains (2);

On ordonna aux intendants et commissaires députés dans les provinces et les généralités de visiter les magasins ou les greniers, et d'en dresser des rapports (3);

Défense fut faite aux marchands de blés et de farines d'en avoir une plus grande quantité que celle qui était nécessaire pour l'entretien de leur commerce ordinaire. Il fut enjoint à toutes les personnes non marchandes qui avaient des approvisionnements en grains d'en envoyer chaque semaine pour garnir les marchés (4);

On ordonna aux laboureurs de conduire leurs blés aux halles pour les y vendre aux prix des derniers marchés, sous peine, contre les contrevenants, de voir leurs denrées transpor-

(1) Voy. vol. 2, liv. 5, tit. 14, chap. 16 et 17.

(2) Arrêt 8 janvier 1693.

(3) Arrêt 16 mai 1693.

(4) Arrêt 22 mai 1693.

tées aux marchés à leurs frais, et vendues au-dessous du cours (1). Les prix, on le pense bien, ne baissaient pas. Les grains devenaient de plus en plus rares.

Ensuite, on nomma des commissaires chargés de rétablir par leur vigilance l'abondance dans les provinces, de faire ouvrir les magasins, et de répartir les denrées entre les provinces, selon les besoins (2);

On commit dans toutes les villes et autres lieux des personnes de *probité, capacité* et *intelligence* pour visiter les fermes, abbayes et communautés, dresser des rapports de la quantité de grains battus ou en gerbes. Il fut ordonné aux communautés, marchands et laboureurs d'envoyer la moitié de ce qu'ils possédaient aux marchés, et cela au mépris des ventes qui avaient pu être consenties à des tiers. De fortes amendes étaient édictées contre les contrevenants (3).

Ceux qui chargeaient des grains pour les transporter dans les provinces étaient tenus de se soumettre, par-devant les intendants, à rapporter dans le temps qui leur était imposé, un certificat de déchargement visé par l'intendant de la province où le déchargement s'était effectué (4).

On nomma six nouveaux commissaires chargés de visiter les provinces et de faire venir les blés à Paris, de faire ouvrir les magasins, d'informer contre les accapareurs, et de calmer les séditions (5). Les nombreuses sentences rendues, sur les rapports des commissaires, attestent les difficultés que l'administration rencontrait pour faire exécuter ses ordonnances.

Enfin, un arrêt du 13 octobre, après avoir prescrit à tous les propriétaires et fermiers d'ensemencer leurs terres, déclarait que, faute par eux de le faire, tout individu pourrait les cultiver et semer, et lui assurait, comme récompense, la récolte entière de l'année suivante ! Disposition qui, seule,

(1) Arrêt 27 juillet 1693. — (2) Arrêt 5 septembre 1693.
(3) Arrêt 5 septembre 1693.
(4) Arrêts 24 septembre 1693 ; 11 octobre 1694.
(5) Arrêt 10 juillet 1694.

prouverait combien gouvernants et gouvernés étaient en proie aux terreurs de la famine.

Le gouvernement faisait bien tous ses efforts pour protéger la circulation dans l'intérieur ; mais parmi les mesures qu'il prenait, plusieurs détruisaient les bons effets qui auraient pu résulter de la protection qu'il voulait accorder à ceux qui se chargeaient de porter les grains où les besoins étaient le plus impérieux.

D'un autre côté, l'administration trahissait ses propres inquiétudes et augmentait encore, par ses actes, par l'envoi de ses commissaires, les alarmes des populations. Ces alarmes, jointes à la crainte des pillages, des séditions et à la violation du principe qui prescrit de laisser à chacun la libre disposition de ce qui lui appartient, contribuèrent pour beaucoup aux désastres de ces années malheureuses.

Cependant, tel n'est pas le sentiment d'un écrivain érudit, de Delamare, qui fut du nombre des commissaires expédiés dans les provinces. Dans son *Traité de la Police,* Delamare approuve sans aucune restriction toutes les mesures prises à cette époque.

Sans contester l'exactitude des informations de Delamare, et tout en convenant que la cupidité a bien pu, à cette époque, augmenter les embarras de l'administration par ses manœuvres, il nous semble que cet auteur, malgré son expérience et ses connaissances étendues en matière de police, n'est pas toujours parfaitement exact dans ses appréciations.

Souvent Delamare n'est pas éloigné de voir dans tout marchand de grains un accapareur.

Il expose, d'ailleurs, les principes les plus contradictoires. Tantôt il dit que *la liberté est l'âme du commerce,* et, d'un autre côté, il donne son approbation aux mesures les plus restrictives, les plus rigoureuses (1).

Après l'abondance des huit premières années du XVIIIe

(1) Voy. notamment vol. 2, p. 339, 267, 270.

siècle, la récolte de 1709 manqua, et la France fut de nouveau en proie à la disette.

Louis XIV et son Conseil empruntèrent alors aux tristes années dont nous parlions tout à l'heure la plupart des mesures qui avaient été prises pour traverser ces cruelles épreuves.

On rappela les anciens règlements sur le commerce des grains (1);

De nouveaux commissaires furent députés dans les provinces (2);

Il fut encore une fois permis à toute personne d'ensemencer les terres des propriétaires qui refuseraient de les cultiver (3);

On exigea des détenteurs de grains une déclaration exacte des quantités qu'ils possédaient (4);

Il fut enjoint aux laboureurs ou propriétaires de faire battre leurs grains (5);

Les grains importés des pays étrangers ou transportés d'une province dans une autre furent exemptés de tous droits d'entrée (6);

Plusieurs traités eurent lieu pour en faire venir des pays étrangers (7);

Mais toutes ces mesures, et d'autres encore que nous ne croyons pas nécessaire de rappeler, ne purent remédier à tous les maux.

Dans l'impuissance de maîtriser la situation, on eut la pensée de fixer le prix des grains par une loi générale.

La proposition fut portée au Conseil du roi, qui ne voulut pas se prononcer sans avoir pris l'avis des intendants, des

(1) Arrêt du Parlement du 19 avril 1709.

(2) Lettres patentes du 9 juin 1709; déclaration du 25 juin 1709.

(3) Déclaration du 11 juin 1709.

(4) Déclaration du 27 avril 1709.

(5) Arrêt du 18 septembre 1709.

(6) Déclaration du 27 avril 1709; arrêt du 26 novembre 1709; déclaration du 11 mai 1710.

(7) Mémoire de Desmarets cité par Forbonnais, t. 5, p. 195.

commissaires, des lieutenants généraux et autres hommes éclairés. Toutes les personnes consultées, sauf cinq ou six, repoussèrent ce projet, qui fut abandonné (1).

§ 2. — Maximum.

Le *maximum* est un expédient qui s'est présenté plusieurs fois à la pensée des législateurs dans les temps anciens, parce qu'il leur paraissait tout d'abord un remède simple et destiné à faire cesser promptement le mal dans des moments de crise.

Mais on a toujours été forcé d'en reconnaître l'inefficacité. Les législateurs qui ont eu recours à ce moyen ressemblaient, selon la comparaison assez exacte du docteur Roscher, à un médecin qui voudrait guérir une hémoptysie en cousant la bouche du malade.

Sans parler de l'édit de Charlemagne, rendu en 794, avec l'assentiment du Concile de Francfort, et dont les dispositions, du reste, étaient applicables aussi bien en temps d'abondance qu'en temps de cherté (2), il existe sur cette mesure plusieurs monuments importants dans notre législation.

Dans le mois de mars 1304, Philippe-le-Bel rendait une ordonnance en vertu de laquelle nul ne pouvait vendre, sous peine de confiscation de biens, le setier de meilleur froment, mesure de Paris, plus de 40 sols parisis, et le setier de blé de qualité inférieure en proportion. Le setier des meilleures fèves et de la meilleure orge était fixé à 30 sols ; de la meilleure avoine, à 20 sols; le setier de meilleur son, à 10 sols.

---

(1) Voy. Delamare, supplément au vol. 2, p. 54 et suiv.

(2) Statuit piissimus dominus noster rex, consentiente sancta synodo, ut nullus homo, sive ecclesiasticus sive laïcus sit, nunquam carius vendat annonam, *sive tempore abundantiæ, sive tempore caritatis,* quam modium publicum et noviter statutum, de modio de avena denario uno, modio ordei denarii duo, modo sigali denarii tres, modio frumenti denarii quatuor. (*Capit. Reg. franc.*, I, 263.)

Le même édit réglait ensuite le prix du pain, suivant le poids et la qualité.

Personne ne pouvait conserver une quantité de blé supérieure à celle qui était nécessaire à la provision de la famille et aux semailles ; le surplus devait être envoyé au marché ; et si, après la proclamation faite, il s'en trouvait chez quelques individus au-delà de la quantité fixée, tout était confisqué au profit du roi (1).

Malgré le haut prix fixé par l'ordonnance, les détenteurs de grains conservèrent leur marchandise ; les marchés devinrent déserts, et la disette augmenta.

Le mois suivant, c'est-à-dire le 11 avril 1304, Philippe-le-Bel etait obligé de révoquer son ordonnance : « Comme pour réfréner, disait-il, la commune tempête et nécessité de ce-jourd'hui, pour la cherté du blé, pois, fèves, orge et autres grains dont la communauté du peuple est soutenue, avons naguère ordonné et établi et fait crier et défendre dans notre royaume que nul de nos subjets, sous peine de perdre tous ses biens, n'osât vendre froment le meilleur plus de 40 sols, fèves et orge plus de 30 sols, avoine plus de 20 sols, et son plus de 10 ; duquel statut et de laquelle ordonnance nous espérions que plus grand allègement et plus grande pourveance dût venir à notre peuple, ce que encore n'est fait. Toutefois, pour ce que les nouvelles causes survenant, il convient muer les conseils et les ordonnances : nous, pour que plus hâtivement il puisse être secouru à la nécessité de notre peuple, avons rappelé et rappelons les prix que nous avions mis ès-dits grains, et avons ordonné et établi que quiconque de notre royaume aura du grain susdit, il puisse le vendre au marché et le donner pour tel prix comme il en pourra avoir. Et voulons et commandons que sûrement et paisiblement on puisse venir au marché sans craindre pour chevaux ni charrettes. »

Le prix des grains fut plus d'une fois fixé pendant le moyen

(1) Le préambule de cette ordonnance invoquait en ces termes la loi suprême de la nécessité : « *Præsertim cum necessitatis tempore omnia fere communia jura publice proterantur.....* »

âge ; il le fut notamment par un arrêt du Conseil rappelé dans l'ordonnance du prévôt de Paris du 4 avril 1418 (1).

Les marchands se plaignirent ; les grains avaient disparu ; un autre arrêt fixa un prix plus élevé ; on fut menacé de la famine, ce qui n'empêcha pas de renouveler les mêmes mesures (2).

Dans les années qui suivirent ces règlements, les disettes furent nombreuses ; des guerres sanglantes affligeaient la France ; les campagnes étaient ravagées, la culture abandonnée. La législation du moyen âge, que nous avons analysée ailleurs (3), et les mesures dont venons de parler pouvaient-elles pallier ces maux ?...

La proposition de fixer le prix des grains fut renouvelée dans les assemblées de police du Châtelet et du Palais, en 1630 et 1632 ; mais elle fut constamment repoussée (4).

Enfin, lors de la disette de 1709, le Conseil du roi, nous l'avons déjà dit, la rejeta également après avoir pris les avis des hommes les plus compétents (5).

Dans l'un des mémoires publiés à cette opéoque, on lit ce qui suit : « Bien loin que la fixation du prix des grains soit utile, elle paraît d'une conséquence pernicieuse, contraire à la liberté du commerce, au transport du bled d'un lieu à l'autre, et d'une très difficile exécution par rapport à la différence des lieux où la récolte peut être plus ou moins forte. Le mobile des hommes étant l'intérêt, dès qu'ils n'en trouveront

(1) Voy. cette ordonnance dans Delamare, vol. 2, liv. 5, tit. 14, chap. 11, p. 343. — Cet arrêt du Conseil avait été précédé d'un arrêt du Parlement, du 31 mars 1418, qui fixait le prix du pain et faisait défense aux boulangers de le vendre plus haut que le prix fixé, à peine d'amende pour la première contravention, d'être condamné au pilori pour la seconde, et d'être banni s'il y avait encore récidive. (Delamare, *loc. cit.*)

(2) Voy. ord. du prévôt de Paris du 4 avril 1418, et le règlement de l'assemblée du Châtelet du 18 mars 1430. (Delamare, *loc. cit.*, p. 343 et 345.)

(3) Voy. ci-dessus, chap. Ier et II.

(4) Voy. Delamare, suppl. au vol. 2, p. 55.

(5) Voy. Delamare, *loc. cit.*, p. 68.

plus dans le transport du bled, ils le laisseront où il se trouvera, et par ce moyen ceux qui en seront chargez ne sauront qu'en faire, ne trouvant personne pour l'acheter, et ceux qui n'en ont point resteront aussi dans la nécessité » (1).

Malgré ces enseignements de l'histoire, la Convention ordonna l'établissement d'un *maximum* par le célèbre décret du **4 mai 1793**, que nous avons analysé dans un autre chapitre (2).

Pour fixer le *maximum*, les directoires de districts furent tenus d'adresser à celui de leur département les mercuriales des marchés de leur arrondissement depuis le 1er janvier jusqu'au 1er du mois de mai 1793. Le prix moyen résultant de ces mercuriales dut servir de *maximum* (3).

Ce *maximum* devait décroître dans les proportions suivantes : au 1er juin il était réduit d'un dixième; d'un vingtième sur le prix restant au 1er juillet, d'un trentième au 1er août, et enfin d'un quarantième au 1er septembre (4).

Enfin, tout citoyen convaincu d'avoir vendu ou acheté au-dessus du *maximum* était passible de confiscation et d'une amende de 300 à 1,000 livres (5).

Lorsque cette loi fut rendue, les maux de la disette redoublèrent; le commerce s'arrêta. Elle fut suivie des décrets sur les *accapareurs* et les *réquisitions*, dont nous avons parlé ailleurs (6).

Le décret du 11 septembre 1793 détermina le *maximum* du quintal, poids de marc, pour les grains et fourrages, et fixa le prix qui devait être ajouté, à raison du transport soit par terre, soit par eau (7).

---

(1) Voy. Delamare, *loc. cit.*, p. 60.
(2) Chap. III, sect. IV.
(3) Art. 25.
(4) Art. 26.
(5) Art. 27.
(6) Voy. ci-dessus, chap. III, sect. IV.
(7) Sect. 3.

Enfin, par décret du 19 brumaire an III, il fut décidé que le *maximum* du prix de chaque espèce de grains, farines, etc., serait fixé, dans chaque district, sur le prix commun de 1790, augmenté de deux tiers en sus; des peines furent édictées contre ceux qui vendraient au-dessus du *maximum*.

La Convention avait essayé de parer aux inconvénients qui devaient résulter de ces lois, et notamment au défaut de commerce et de circulation, par l'établissement de *la Commission des subsistances et approvisionnements*, dont l'autorité s'étendait sur toute la République. Cette commission, qui était composée de trois membres choisis par la Convention, devait faire exécuter les tarifs, surveiller la conduite des communes, faire continuer les recensements, et remplacer successivement et à proportion des besoins la quantité de grains enlevée de chaque commune par les réquisitions (1).

Que l'on veuille bien nous permettre ici quelques observations.

C'est moins à la disette qu'à d'autres causes que l'on dut l'établissement des mesures que nous venons de rappeler.

Le *maximum*, comme l'ont fait observer plusieurs historiens (2), devait résulter des assignats. « Peu importe, dit M. Thiers, qu'on eût rendu cette monnaie forcée, si le marchand, en élevant son prix, parvenait à se soustraire à la nécessité de recevoir. Il fallait rendre le taux des marchandises forcé, comme celui de la monnaie. Dès que la loi avait dit : Le papier vaut 6 francs, elle devait dire : Telle marchandise ne vaut que 6 francs; car autrement le marchand, en la portant à 12, échappait à l'échange..... Forcer le cours des assignats avait conduit à forcer les échanges, à forcer les prix.... » (3).

---

(1) Voy. décret 25-26 brumaire an II. — M. Thiers, *Hist. de la Révol.*, vol. 5, p, 406, 2e édit.

(2) M. Thiers, *loc. cit.*, p. 149; — M. Blanqui, *Hist. de l'Econ. polit.*, tom. 2, p. 169.

(3) *Loc. cit.*

A mesure que les assignats baissèrent, non-seulement les subsistances, mais encore les autres marchandises augmentèrent, et il fallut, quels que fussent les moyens employés pour faire remonter les assignats, en venir à rabaisser le prix de celles-ci (1). De là les décrets du 11 septembre 1793 et du 19 brumaire an III.

Par suite de la dépréciation des assignats, le *maximum* devint de plus en plus impossible, de plus en plus vexatoire, et cette mesure, jointe aux *réquisitions,* apporta le plus grand trouble dans les échanges et la circulation.

Il s'établit deux marchés, l'un public et insuffisant, l'autre secret et usuraire. Les denrées étaient cachées, soustraites à la vigilance des agents chargés de faire les réquisitions (2).

Voici en quels termes Saint-Just reconnaissait l'inefficacité du *maximum* au sein de la Convention : « Les différentes lois que vous portiez naguère sur les subsistances auraient été bonnes si les hommes n'avaient été mauvais. Lorsque vous rendîtes la loi du *maximum,* les ennemis du peuple, plus riches que lui, achetèrent au-dessus du *maximum.* Les marchés cessèrent d'être fournis par l'avarice de ceux qui vendaient : le prix de la denrée avait baissé ; mais la denrée fut rare. Les commissionnaires d'un grand nombre de communes achetèrent en concurrence ; et comme l'inquiétude se nourrit et se propage d'elle-même, chacun voulut avoir des magasins et prépara la famine pour s'en préserver » (3).

Au surplus, en faisant abstraction des causes qui donnèrent naissance au *maximum* et des graves circonstances au milieu desquelles il fut décrété pendant la Révolution, nous pensons bien être l'écho de l'opinion de tous les hommes éclairés, en disant que c'est la mesure la plus funeste, la plus désastreuse qui puisse être imaginée pour remédier aux maux de la disette ou de la cherté.

---

(1) M. Thiers, *loc. cit.*, p. 152 et 205.

(2) M. Thiers, vol. 7, p. 40 et suiv.

(3) *Moniteur* du 14 octobre 1793.

C'est une mesure que la raison condamne aussi bien que l'histoire. Elle oblige à l'opération fort compliquée du recensement; à une surveillance extrême de l'autorité; à des pénalités formidables, qui n'assurent pas toujours l'exécution de la loi. Elle prive du secours de l'importation la nation qui a besoin de ce secours. Les commerçants étrangers, en effet, se garderont bien d'apporter des grains sur un territoire où le prix est taxé; ils ne courront pas les risques de la mer et ne feront pas les frais d'un transport pour venir dans des contrées où les prix sont limités et le bénéfice presque toujours nul. On pourrait, il est vrai, les excepter de la mesure et leur laisser toute latitude; mais alors ils seraient les maîtres du marché, et leur secours assez illusoire. En outre, cette exception donnerait lieu à des mélanges, à des stratagèmes, au moyen desquels on éluderait la loi générale.

La Convention elle-même avait reconnu les graves inconvénients du *maximum*. Quelques voix de cette assemblée s'étaient déjà élevées contre cette mauvaise mesure (1). Elle fut supprimée par le décret du 4 nivôse an III (2).

§ 3. — Achats de grains faits par le gouvernement.

Des achats de grains furent souvent opérés par les soins du gouvernement pendant les temps de disette ou de grande cherté.

C'est ainsi qu'en 1709 des traités furent faits par l'administration pour se procurer des blés étrangers (3).

Le contrôleur général Orry eut recours à la même mesure en 1740, mais dans des limites très modérées, et sans obtenir de bien grands résultats.

Necker employa aussi le même moyen en 1789, comme

(1) M. Thiers, *loc. cit.*, vol. 7, p. 138.

(2) Nous avons parlé dans le chap. IV, sect. Ire, de l'essai de *maximum* qui eut lieu sous l'Empire.

(3) Voy. Mémoire de Desmarets, cité par Forbonnais, t. 2, p. 195.

nous l'avons dit ailleurs. Il chargea de cet achat plusieurs commissionnaires à la fois, sans les limiter dans les prix d'acquisition. Il en résulta que les blés devinrent moins chers au Hâvre et à Bordeaux qu'à Hambourg, d'où le gouvernement faisait venir ses approvisionnements (1).

Mais c'est surtout en 1812 et pendant les années 1816 et 1817 que les inconvénients d'une semblable mesure se révélèrent le mieux.

Dans l'automne de 1811, le directeur général des vivres, qui avait obtenu des renseignements inquiétants sur l'état de la récolte, proposa au chef du gouvernement de faire céder à l'administration générale des vivres, par la ville de Paris, l'approvisionnement qu'elle possédait, et cette demande triompha, malgré les observations de M. de Montalivet, alors ministre de l'intérieur.

Mais le remplacement des grains de cette réserve ne put s'opérer en temps opportun, et cette circonstance accrut encore les difficultés éprouvées en 1812 pour les subsistances de la ville de Paris (2).

Le gouvernement envoya de nombreux agents dans les marchés de l'intérieur et dans les pays étrangers faire des achats de grains pour son compte. Mais, comme le fait observer M. de Boislandry, leur présence seule dans les marchés suffisait pour augmenter les inquiétudes et pour produire immédiatement une hausse dans les prix. On ne tarda pas, ajoute-t-il, à éprouver les tristes effets de ces mesures inconsidérées (3).

Les achats de l'administration ont, en effet, ce fâcheux ré-

(1) Le gouvernement fit aussi des achats de grains à l'étranger pendant les années 1846 et 1853.

(2) Voy. M. Chaillou-Desbarres, p. 80. — Le prix du pain fut fixé dans cette ville à la moitié de ce qu'il valait dans les départements voisins. « Cette fixation, dit M. de Boislandry, écarta tous les marchands et tous les meuniers qui approvisionnaient la capitale ; ils furent contraints d'abandonner un commerce qui les exposait à perdre la moitié de leurs capitaux. » — *Des Impôts et des Charges*, p. 354.

(3) *Des Impôts et des Charges*, p. 354.

sultat qu'ils révèlent l'inquiétude et augmentent les alarmes; chaque famille, outre sa provision ordinaire, se pourvoit pour l'avenir ; d'où il résulte, ainsi que le remarque un célèbre économiste, que le faible secours procuré par les achats du gouvernement, outre ce qu'il coûte au contribuable, lui fait payer plus cher ce qu'il ne lui procure pas (1).

Les sacrifices faits par le gouvernement, en 1812, pour les subsistances, furent considérables. Un auteur les évalue à 80 millions (2); et, selon M. de Boislandry, le prix moyen du pain aurait doublé, en France, pendant les années 1811 et 1812 (3).

En présence de ces faits, il est permis de douter de l'efficacité des dispositions prohibitives et réglementaires des décrets impériaux que nous avons analysés ailleurs (4), et on peut bien penser aussi que la concurrence faite par le gouvernement au commerce des grains ne doit avoir que de funestes conséquences.

Pendant la cherté des années 1816 et 1817, le gouvernement de la Restauration ne sut pas profiter de souvenirs qui, cependant, étaient encore récents.

Tout en rappelant aux préfets, dans les termes les plus pressants, le besoin, la nécessité absolue de faire respecter partout le principe de la libre et entière circulation des grains (5), on prit à peu près les mêmes mesures qu'en 1811 et 1812.

Le gouvernement employa une somme de 70 millions en achat de grains, 1,460,000 hectolitres, dit J.-B. Say, quantité à peine suffisante pour fournir du pain à la France pendant une semaine (6), et dont le tiers environ fut acheté

---

(1) J.-B. Say, *Cours d'Econ. polit.*, t. 2, 6e part., chap. 11, p. 183.

(2) M. Chaillou-Desbarres, note p. 81.

(3) Voy. M. de Boislandry, *loc. cit.*

(4) Voy. ch. IV, sect. Ire.

(5) Lettre de M. le ministre de l'intérieur du 4 novembre 1816.

(6) Voy. M. Fiévée, *Correspondance administrative*, 12e part., année

sur les marchés de l'intérieur : « On ne réfléchit pas, comme le remarque avec un grand sens M. de Boislandry, que ces grains emmagasinés à Paris ou ailleurs n'étaient que des déplacements anticipés, faits à grands frais et avec appareil, que les commerçants auraient faits à bien meilleur marché, sans causer la moindre sensation inquiétante parmi le peuple » (1). Les deux autres tiers furent amenés du dehors.

Un quart des grains achetés fut fourni aux départements, et les trois autres quarts furent consacrés à Paris, avec une perte de 20 millions sur la totalité (2). A cette perte il faudrait, selon M. Fiévée, ajouter une somme de 24 à 25 millions qui aurait été dépensée pour donner aux habitants de Paris du pain au-dessous du prix qu'il coûtait aux boulangers (3).

La mission extraordinaire des agents chargés de faire les achats augmentait l'inquiétude, les alarmes, comme cela arrive toujours. Le prix des grains, au lieu de baisser, devint excessif, *par une conséquence nécessaire des opérations de l'administration* (4).

Les commerçants refusèrent plus d'une fois l'offre qui leur fut faite par la commission des subsistances de recevoir et de revendre les grains expédiés du dehors. Le commerce ne se prêtait pas facilement, dit M. Fiévée, à agir sous la direction de l'administration, quand il pouvait spéculer sans elle ou contre elle (5).

Le gouvernement ne manquait pas de faire annoncer par la voie des journaux les arrivages de blés dans nos ports (6).

1818, p. 104; — M. de Boislandry. *loc. cit;* — J.-B. Say, *Cours d'Econ-polit.*, t. 2, chap. 11, p. 182.

(1) *Loc. cit.*

(2) Voy. M. Fiévée, *loc. cit.*

(3) *Loc. cit.*

(4) M. Fiévée, *loc. cit.*

(5) *Loc. cit.*

(6) Selon la *Statistique générale* (commerce extérieur), la France a importé, en 1816, 497,020 hect., et, en 1817, 1,975,860 hect.

Les appréhensions ne diminuaient point; la cherté augmentait, et plus d'une fois on fut obligé de recourir à la procédure des cours prévôtales.

Puis, en somme, quel fut le résultat?

« 20 millions de perte, dit M. Fiévée, sur une opération de 70 millions, 24 millions de perte seulement pour Paris, 6 millions de primes, 27 millions employés par ordre du roi en travaux de charité et en aumônes, des dettes contractées par les principales villes; quelle somme, sans compter la somme plus forte distribuée en secours de toute espèce par les particuliers ! Et quand on pense que la plupart de ces dépenses, de ces charités, de ces secours n'ont pas tourné au profit des pauvres, mais au profit d'un agiotage calculé sur les opérations de l'administration, on ne peut s'empêcher de frémir des conséquences d'un système contre lequel s'élève l'expérience, seule autorité vraiment respectable en ce genre » (1).

M. Fiévée, qui expose avec tant d'énergie les vices du système suivi par le gouvernement de 1816, n'était cependant pas partisan du principe de la liberté commerciale. Quel était son principe? Nous ne saurions trop le dire : après avoir montré le mal, on est tout étonné de lui voir proposer pour unique remède cette formule : « Qu'on sorte de la centralisation; que l'administration publique se borne à balancer les intérêts de chaque localité dans l'intérêt général... » — C'est un peu vague.

Quoi qu'il en soit, la critique de cet écrivain n'en était pas moins fondée, et le gouvernement de la Restauration reconnut, pour ainsi dire, son erreur : M. le ministre de l'intérieur avouait lui-même dans son rapport, en 1818, *qu'il aurait mieux valu que le gouvernement eût pu se dispenser d'intervenir et de diriger d'aussi grands efforts,* et que c'était la seule crainte d'une plus grande responsabilité qui avait déterminé l'administration à agir autrement.

---

(1) *Loc. cit.*, p. 99.

§ 4. — Primes.

La *prime d'importation* ou rétribution générale accordée par le gouvernement sur les grains étrangers introduits en France, dans le but de stimuler le zèle des commerçants et d'augmenter les provisions existantes, est un moyen qui a été plusieurs fois mis en usage dans les temps de cherté.

Ainsi, pendant le ministère de Turgot, un arrêt du 25 avril 1775 promit à tous les négociants français ou étrangers qui, à compter du 15 du mois de mai jusqu'au 1er août 1775, importeraient des grains dans les différents ports du royaume (1), une gratification de 18 sous par quintal de froment, et de 12 sous par quintal de seigle (2).

Les navires français et étrangers chargés de grains et introduits dans les ports du royaume furent aussi exempts du droit de fret jusqu'à la même époque (3).

Cet arrêt était rendu parce qu'on prévoyait des besoins, une élévation dans les prix; et que, d'un autre côté, ainsi que le porte le préambule de l'arrêt, la dernière récolte n'ayant pas répondu dans les autres parties de l'Europe aux espérances qu'elle avait données, les grains y étaient généralement chers.

Turgot avait pensé qu'il fallait alors exciter le commerce par la gratification promise, qui rétablissait la proportion entre les avances et le résultat de la vente en France.

Un second moyen, qui était édicté par le même arrêt, consistait en une *prime applicable à la circulation intérieure.*

Une gratification particulière fut promise à ceux qui feraient venir, soit directement de l'étranger, soit de quelque

---

(1) Un autre arrêt du 8 mai 1775 accorda aussi une prime aux importations par terre, spécialement pour l'Alsace, la Lorraine et les Trois-Evêchés.

(2) Art. 1er.

(3) Art. 8.

port du royaume, des grains étrangers dans les villes de Paris et de Lyon (1).

On essaya également d'encourager le commerce, par la promesse de primes à l'importation, en 1789 (2) et en 1816 (3).

Toutefois, le système des primes d'importation, sur lequel il est bien difficile, pour ne pas dire impossible, de promulguer une loi générale et permanente, est rejeté par plusieurs économistes comme inutile ou peu efficace. « La plus belle des primes, dit J.-B. Say, est le haut prix qu'on offre, pour les blés et pour les farines, dans les pays où il y a disette. Si cette prime de 200 ou 300 p. 0/0 ne suffit pas pour en amener, je ne pense pas qu'aucun gouvernement puisse en offrir qui soient capables de tenter les importateurs » (4).

On peut, il est vrai, objecter que la prime vient s'ajouter au bénéfice résultant de la différence des prix pour exciter le commerce à l'importation; néanmoins, le raisonnement de J.-B. Say nous paraît exact, surtout lorsque le prix des grains indigènes est beaucoup plus élevé que celui des pays étrangers.

Bien plus, la prime offre de graves inconvénients qui ne nous semblent pas compensés par les avantages que l'on prétend retirer de cette mesure. Si la promesse de primes produit un bon effet moral dans les temps où le commerce des grains doit craindre les dangers des émeutes, en ce qu'elle renferme implicitement l'assurance d'une sérieuse protection de la part du gouvernement, d'un autre côté elle révèle les besoins de la nation, l'inquiétude de l'administration; elle

---

(1) Art. 4, arrêt 25 avril 1775.

(2) Arr. Cons. 11 janvier 1789, proclamation du 5 novembre 1789.

(3) Ord. 22 novembre 1816.

(4) *Traité d'Écon. polit.*, p. 214, édit. Guillaumin. — Voy. aussi *Du Commerce des Grains*, par M. Roscher, p. 114. — Le docteur Roscher recommande cependant la prime, mais seulement *lorsque tout retard est gros de périls*. (*Loc. cit.*, p. 115.)

accroît les alarmes, et, par suite, elle fait hausser les prix sur les marchés d'approvisionnement (1).

La seconde mesure de l'arrêt du 25 avril 1775, c'est-à-dire la prime promise pour la circulation intérieure avait aussi pour effet de faire naître des appréhensions.

Elle devait, en outre, être la source d'une foule de fraudes et d'abus, quelles que fussent les précautions prises par l'administration pour les prévenir (2).

§ 5. — Suspension des brasseries et distilleries.

La suspension du travail dans les brasseries et les distilleries pendant les années de cherté est une mesure qui fut prise à diverses époques de notre histoire.

Elle fut plusieurs fois renouvelée au moyen âge. Les règlements défendaient aux brasseurs de faire la bière, ou fixaient le prix auquel ils pourraient la vendre (3). Une ordonnance du prévôt de Paris, du mois d'avril 1415, leur permettait seulement d'employer les grains mouillés, sous peine de confiscation et d'amende arbitraire (4).

Des ordonnances postérieures renouvelèrent ces défenses (5).

La fabrication de la bière et la distillation des eaux-de-vie de blé furent aussi plusieurs fois interdites pour un certain temps dans le XVIIe siècle (6). L'un des arrêts contenant cette interdiction porte que la grande quantité de grains et

---

(1) Necker, *Législ. et Comm. des Grains*, p. 316, édit. Guillaumin; — M. de Molinari, *Conversations*, p. 181.

(2) Voy. Necker, *loc. cit.*, p. 319 : « Quelle multitude de barrières, disait Necker, ne seraient pas nécessaires pour empêcher que le même setier de blé ne jouît plusieurs fois de la rétribution accordée! »

(3) Arrêts du Parlement de 1263 et 1272.

(4) Voy. Delamare, vol. 2, liv. 5, tit. 11, chap. 8, p. 327.

(5) Voy. ord. octobre 1482.

(6) Arrêts des 16 septembre, 27 octobre 1693, et 1er mai 1694. — Delamare, vol. 2, liv. 5, tit. 14, chap. 8, p. 327 et suiv.

orge dont les brasseries et distilleries faisaient usage serait plus utilement employée à la subsistance, *outre que lesdites bières et eaux-de-vie ne sont aucunement nécessaires à la vie.*

Enfin, cette mesure a été renouvelée dans ces derniers temps, relativement aux distilleries, par un décret du 26 octobre 1854, qui prohiba, jusqu'à ce qu'il en fût autrement ordonné, la distillation des céréales et de toute autre substance farineuse servant à l'alimentation publique.

Il semble que, dans les moments où les approvisionnements sont difficiles, où la subsistance des populations est compromise, il soit d'une sage administration d'empêcher qu'on ne détourne les grains de leur destination la plus ordinaire. En faisant fermer les établissements qui en consomment des quantités plus ou moins considérables, on diminue la demande de ces denrées, on empêche les prix de s'élever.

D'un autre côté, les économistes se sont demandé quelle pouvait être l'influence des brasseries et des distilleries sur l'approvisionnement d'un pays. Ces usines constituent, disent-ils, un débouché supplémentaire pour la production agricole et pour le commerce des subsistances. Si on supprimait ces industries, on diminuerait la production, qui se proportionne ou tend toujours à se proportionner avec les débouchés. En outre, les propriétaires de ces établissements, qui, par leurs achats, empêchent, dans les années de grande abondance, les prix de s'avilir, fournissent, dans les années de cherté extraordinaire, un supplément de ressources en déversant sur les marchés une partie de leurs réserves.

Malthus compare l'effet produit par la consommation des grains au moyen des brasseries et distilleries, à celui qu'on pourrait obtenir en faisant disparaître du pays une portion du sol avec tous ses habitants : « Dans l'état moyen d'abondance, dit-il, le reste de la nation resterait dans le même état qu'auparavant ; elle n'en serait affectée ni en bien ni en mal. Mais, en temps de disette, le produit de cette portion de terre enlevée lui revient sous forme de subsistance, sans qu'elle soit obligée de partager avec ceux par qui cette portion était primitivement habitée » (1).

Toutefois, Malthus ne s'explique pas d'une manière très précise sur la mesure d'administration qui consiste à suspendre les brasseries et les distilleries dans les années de cherté. Il se borne à dire que, « comme en temps de disette on peut soustraire le grain à de tels usages, c'est une réserve plus considérable que ne seraient probablement des greniers publics. »

D'autres économistes plus modernes, partant de l'idée que ces établissements offrent une certaine garantie contre la disette, blâment énergiquement une mesure qui peut en détourner les intelligences et les capitaux.

D'ailleurs, dans les années de disette, les brasseurs et les distillateurs ont plus d'avantage à revendre leurs grains pour la consommation alimentaire qu'à les employer dans leur industrie, dont les produits ne peuvent hausser dans la même proportion que la matière première (2).

Enfin, il arrive un moment où ils sont obligés de restreindre et même d'arrêter leur fabrication. L'intérêt privé n'est-il donc pas meilleur juge que l'administration de l'opportunité de ce moyen extrême ?

§ 6. — Mesures prises pendant la cherté de 1853 et des années suivantes.

Nous nous bornons à transcrire ici un passage du *Moniteur* qui résume les mesures que le gouvernement a prises pour atténuer les effets de la cherté pendant les années 1853 à 1856, en complétant ce résumé par quelques mots :

---

(1) *Essai sur le Principe de Population*, trad. par MM. P. et G. Prévost, p. 134, édit. Guillaumin.

(2) Voy. *Du Commerce des Grains*, par le docteur Roscher, p. 127 et suiv.; — *Conversations familières sur le Commerce des Grains*, par M. de Molinari, p. 111 et suiv.

« Dès le mois de juillet, la crainte de l'insuffisance de la récolte avait éveillé la sollicitude du gouvernement.

« Un décret du 20 juillet 1853 affranchissait de toute restriction les grains et farines importés des possessions anglaises en Europe.

« Le 3 août suivant, un autre décret supprimait, jusqu'au 31 décembre, la surtaxe établie sur l'importation des grains et farines par navires étrangers, et le décret du 18 du même mois décidait que les denrées alimentaires importées soit par terre, soit par mer, par navires étrangers ou français, seraient exemptes des droits de l'échelle mobile ainsi que de tout droit de tonnage.

« Celui du 2 septembre réduisait le tarif des chemins de fer pour le transport des subsistances.

« Le décret du 5 du même mois exemptait de tout droit de navigation intérieure, sur les canaux et rivières, les bateaux étrangers et français chargés de denrées alimentaires.

« Le lendemain, 6 septembre, le *Moniteur* démentait le bruit que le gouvernement eût l'intention de faire des achats de grains, et déclarait formellement que l'Etat s'en remettait à l'action libre du commerce du soin de combler le déficit de la récolte ; que son intervention se bornerait à faciliter et à protéger énergiquement les efforts de l'industrie privée.

« Le 12 septembre, un second article, publié au *Moniteur*, renouvelait cette déclaration.

« Le décret du 14 septembre a réduit au taux le plus minime les droits d'importation des bestiaux et des viandes fraiches et salées.

« Celui du 30 septembre, rendu sur la proposition du ministre de la guerre, a décidé que les transports de grains et farines entre l'Algérie et la France pourraient s'effectuer par navires étrangers.

« Le 1er octobre, un décret prorogeait jusqu'au 31 juillet 1854 les mesures de prévoyance des décrets des 3 et 18 août.

« A la même date, un autre décret interdit l'exportation des pommes de terre et des légumes secs.

« Celui du 12 octobre décide que, jusqu'au 31 juillet 1854, les bâtiments étrangers pourront, comme les navires français, concourir au transport, par cabotage, des denrées alimentaires d'une mer à l'autre. (Le décret du 17 janvier 1854 étend cet avantage au petit cabotage.)

« Le *Moniteur* du 17 novembre publiait un article pour exposer de nouveau les vues du gouvernement dans la question des subsistances, les mesures prises et les résultats obtenus.

« Enfin, deux décrets du 3 décembre ont prorogé jusqu'au 31 juillet 1854, l'un l'exemption des droits de navigation, l'autre la réduction des tarifs des chemins de fer pour le transport des subsistances.

« A ces mesures il faut ajouter les décrets des 21 et 22 novembre, qui mettent à la disposition des ministres de l'intérieur et de l'instruction publique une somme de 4 millions pour concourir aux travaux utiles des communes pendant la cherté des grains.

« Il faut y ajouter, enfin, tout ce que les villes et les départements ont fait, sous l'impulsion du gouvernement, pour assurer aux populations nécessiteuses le pain à prix réduit et le travail qui leur permet de le gagner. L'établissement récent de la caisse de la boulangerie à Paris, qui est appelée à rendre de si grands services, n'est que la conséquence et une sorte de complément de ce vaste ensemble de mesures destinées à remédier efficacement aux inconvénients de la crise que nous traversons. »

La caisse de la boulangerie de Paris instituée par le décret du 27 décembre 1853 avance, en temps de cherté, aux boulangers le montant de la différence en moins existant entre le prix de vente du pain d'après la taxe et le prix résultant de la mercuriale, et en temps de bon marché, pour se couvrir de ses avances, elle reçoit les différences en plus (1).

Quant aux autres mesures prises pendant les années 1853

(1) Voy. art. 5, décret 27 décembre 1853.

à 1856, on peut se reporter à ce que nous avons dit sous la section II du chapitre IV, au sujet de l'importation et de l'exportation.

Nous rappelons aussi le décret du 26 octobre 1854 sur la suspension du travail dans les distilleries, dont nous avons parlé sous la section précédente.

CONCLUSION

Les principes sur la circulation, sur le commerce intérieur et extérieur des céréales ont été lentement, mais successivement modifiés par les nombreuses lois qui, depuis des siècles, ont été publiées en France sur cette matière.

Dans l'origine, la circulation intérieure était souvent entravée, interceptée par la ceinture de douanes dont chaque province était entourée, par les permissions particulières, par les droits, les péages, les impôts de toute espèce. Une province avait souvent du superflu qu'elle prodiguait, tandis que sa voisine était dans la disette. La royauté fit pendant bien des années d'inutiles efforts pour dominer les prétentions, vaincre le mauvais vouloir des gouverneurs ou autres officiers, et rétablir d'une manière égale l'approvisionnement entre les différentes parties de la France. Les prescriptions des ordonnances, souvent renouvelées, et quelquefois sévères, ne mettaient pas toujours un terme aux abus.

Le principe de la libre circulation intérieure, qui était déjà proclamé par les ordonnances des rois de l'ancienne monarchie, reçut une consécration nouvelle dans les lois rendues à la suite de la révolution de 1789, qui brisèrent enfin les trop nombreuses entraves existant encore à cette époque.

Si quelques lois de la période révolutionnaire méconnurent cette précieuse règle, elle fut bientôt inscrite de nouveau dans la législation, et toujours respectée depuis par les législateurs.

Les anciennes lois de la France, comme presque toute la vieille législation européenne, tendaient à déconsidérer le commerce des grains, à le décourager, à l'anéantir. Il fallut que plusieurs siècles s'écoulassent avant de comprendre que c'était par l'action du commerce que l'on pouvait pourvoir d'une manière prompte, sûre et économique aux besoins de la nation.

C'est seulement dans le XVIIIe siècle que cette vérité a été mise dans tout son jour. Mais au moyen âge et pendant le XVIe siècle et le XVIIe, la législation porte l'empreinte de l'idée qui consiste à voir dans les marchands de grains des intermédiaires inutiles, souvent nuisibles et dangereux. De là toutes ces dispositions réglementaires, restrictives, prohibitives, coercitives, qui se succédaient dans la législation; toutes ces règles iniques, contradictoires, que nous avons analysées, et qui opprimaient le commerce, déshonoraient les commerçants, favorisaient le monopole en diminuant la concurrence, encourageaient la haine et les préjugés populaires.

L'école physiocratique et son éminent disciple Turgot prouvèrent jusqu'à l'évidence que de telles lois étaient contraires à la raison et aux intérêts de la France. Ils démontrèrent tous les avantages d'un commerce libre, animé et étendu. A plusieurs reprises les législateurs reconnurent et consacrèrent solennellement ces principes.

La règle de la liberté du commerce intérieur fut cependant méconnue ensuite par plusieurs actes de la législation. Mais elle a triomphé de toutes ces atteintes, et elle est devenue une disposition fondamentale de notre droit moderne. Si quelques restrictions se rencontrent encore dans la législation, la science les désapprouve, les combat par de puissants raisonnements, et on peut espérer qu'un jour le bon sens de nos législateurs fera disparaître ces derniers vestiges d'un régime qui n'est plus.

Ici encore le progrès n'est point douteux.

Le commerce extérieur fut peut-être soumis à plus de vicissitudes. Abandonnée, dans l'origine, à l'arbitraire de plusieurs, sans autre règle que le caprice ou la cupidité, l'exportation dut ensuite être permise par le souverain seul. C'était une première amélioration. Mais si l'anarchie était moins grande, les règles de cette branche importante du commerce extérieur étaient encore bien imparfaites. Non-seulement, pendant un grand nombre d'années, les permissions d'exportation furent octroyées sans aucune connaissance possible de l'état des récoltes, mais plus d'une lettre patente fut dictée par l'esprit de fiscalité et eut pour résultat de consacrer le monopole. Plus d'une convulsion dans le commerce fut la conséquence de la législation, et plus d'une fois aussi les exportations furent suivies de cherté ou de disette.

L'édit de 1764, qui permit l'exportation par une disposition permanente, réalisait donc, même en fixant un prix au-delà duquel elle était interdite, un progrès certain, évident.

Successivement modifié et même abrogé par des lois postérieures, le principe de 1764 fut rétabli en 1814, et adopté par les législateurs de 1819 et de 1821, avec plusieurs modifications. C'était toujours, en effet, la liberté d'exportation limitée par la règle d'une prohibition éventuelle.

Cette dernière règle fut abolie par la loi de 1832.

La tendance de la législation était encore, on le voit, dans le sens de la liberté.

Quant à l'importation, les anciens édits, à l'exception de ceux de 1664 et de 1764, ne s'en occupent pas, n'avaient point à s'en occuper ; s'ils en parlent, ce n'est guère que pour la permettre en franchise de tous droits.

Les règles de l'importation et les droits protecteurs sont d'une date récente.

Dicté par la situation exceptionnelle dans laquelle notre agriculture se trouvait après les guerres de l'Empire, deux disettes, et l'accroissement des blés dans les provinces russes de la mer Noire ; conservé par le gouvernement de la Restauration, sous l'influence d'une Chambre où dominait l'élément foncier, et maintenu *provisoirement*, pendant *dix-huit années*, par le gouvernement de 1830, qui rencontra à peu près les mêmes obstacles que celui de la Restauration ; abrogé temporairement depuis 1853, le principe de la protection en matière de céréales est un épisode de notre législation que le législateur aura sans doute bientôt à apprécier.

Bientôt il aura à se demander si la loi de l'échelle mobile a rempli le but que toute loi doit atteindre, c'est-à-dire si elle a donné satisfaction à l'intérêt général, à l'intérêt du consommateur, aussi bien qu'à celui du producteur; il aura à examiner si les inconvénients qui résultent évidemment de ce système ont été compensés par les avantages qu'on en a retirés.

Trop éloigné, dans notre modeste et chère solitude, des hautes régions où s'élaborent ces graves questions, nous ne pouvons rien présager, et, cependant, un certain pressentiment nous fait espérer que des réformes sérieuses seront introduites dans le sens du principe que nous avons embrassé.

Lorsque le régime réglementaire et prohibitif était en vigueur, le gouvernement intervenait souvent dans les approvisionnements pendant les années de disette ou de cherté.

L'expérience avait déjà démontré les funestes effets de ce système.

Plus tard, Turgot exposa, dans une de ces remarquables dissertations qui servent de préambule aux édits rendus pendant son ministère, les inconvénients, les conséquences désastreuses de l'intervention de l'Etat.

Les lois de la période révolutionnaire, les mesures prises pendant les disettes de 1811, 1812, 1816, 1817 sont venues depuis confirmer, par leurs tristes résultats, la thèse que le célèbre ministre de Louis XVI avait soutenue et développée avec une dialectique et un bon sens admirables.

Le régime *interventionniste*, réprouvé par la science, condamné par l'expérience, est aussi repoussé par le gouvernement actuel; nous lisons dans le *Moniteur* du 17 novembre 1853 : « La substitution de l'Etat à l'action de l'industrie serait une mesure à la fois matériellement impossible, financièrement ruineuse, politiquement insensée. »

Dans une lettre du 5 septembre 1855 adressée à M. le préfet de la Gironde, M. le ministre de l'agriculture, du commerce et des travaux publics disait aussi : « Veuillez faire connaître à la chambre de commerce de Bordeaux, en réponse à sa lettre du 31 août, que le gouvernement ne s'occupe ni directement ni indirectement d'assurer par lui-même à la France les approvisionnements de grains qui pourraient lui être nécessaires. Il laisse ce soin au commerce, qui n'a nullement à redouter les effets d'une telle concurrence, et il désire que sa déclaration soit connue. »

Enfin, le *maximum,* la suspension des travaux dans les brasseries ou les distilleries, les achats de grains faits par le gouvernement, les primes, les réserves, sont des remèdes qui sont, les uns dangereux, les autres inefficaces ou impuissants.

En somme, une loi qui supprimerait les dernières entraves qui s'opposent encore à l'activité et au développement du commerce intérieur des céréales, et qui bannirait le système économique de la Restauration et du gouvernement de 1830, en appliquant largement le principe de la liberté commerciale au commerce extérieur, et en remplaçant les droits mobiles par de simples droits fixes excessivement modérés, serait, à notre sens, une loi sage, une loi de progrès, une loi conforme à l'intérêt de tous, aux vues de la Providence et à la tendance évidente de notre législation.

Sans doute, le temps dont Smith parlait par hypothèse, où toutes les nations suivraient le *noble système* de la liberté des exportations et des importations, n'est pas encore arrivé (1);

(1) *Richesse des Nations,* t. 2, p. 144, édit. Guillaumin. « De même, dit Smith, que parmi les provinces d'un grand empire, suivant les témoignages réunis de la raison et de l'expérience, la liberté du commerce intérieur est non-seulement le meilleur palliatif des inconvénients d'une cherté, mais encore le plus sûr préservatif contre la famine; de même la liberté des importations et des exportations le serait entre les différents Etats qui composent un vaste continent. Plus le continent serait vaste, plus la com-

mais peut-être n'est-il pas impossible d'entrevoir un avenir plus favorable au principe impérissable qui prescrit la liberté des échanges.

---

munication entre toutes ses différentes parties serait facile tant par terre que par eau, et moins alors aucune de ces parties en particulier pourrait jamais se voir exposée à l'une ou à l'autre de ces calamités, car il serait alors d'autant plus probable que la disette d'un des pays serait soulagée par l'abondance de quelque autre. »

APPENDICE

I

A. — P. 21. — Ordonnance du prévôt de Paris du 10 juin 1391.

Premièrement, que toutes personnes, de quelque estat ou condition qu'elles soient, qui auront bleds, farines, avoines et autres grains, en la ville de Paris ou ailleurs, en la prévosté et vicomté de Paris, les exposent et mettent en vente de marché en marché tantost et sans délai après ce cry, retenu et réservé tant seulement ce qui leur conviendra pour le vivre et gouvernement d'eux, de leurs gens et chevaux jusques à deux mois prochains venans, et les mettent à juste et raisonnable prix loyalement et sans fraude, sans en rien masser ni recéler, et sans les vendre à marchans grossiers ou autres, pour revendre ailleurs, sur peine de perdre corps et avoir. — *Item*, que nuls marchans grossiers ni autres, de quelque estat qu'ils soient, ne soient tant osez ni si hardis, sur ladite peine, d'acheter aucuns grains ou farines pour revendre en gros, fors seulement pour leur user et leur nécessité, jusques audit temps de deux mois. — *Item*, que nuls marchans en détail ou revendans ne soient tant osez ni si hardis d'acheter en plein marché ou en greniers, aucuns grains ou farines pour revendre plustôt et jusques à ce que les bonnes gens qui seront au marché, qui en auront affaire pour leur vivre ou nécessité, en auront pris et acheté ce qui leur en faudra, et jusques à ce que heure de midy soit passée, et encore que lesdits regrattiers n'en puissent acheter que ce qui leur en faudra pour leur user et détailler jusques à huit jours au plus, sur ladite peine. — *Item,* que tous marchans et voituriers amenant grains à Paris pour vendre ne les puissent descendre ni vendre ailleurs qu'en plein marché ès places et heures accoustumées, sous peine de forfaire les denrées et d'amende volontaire. — *Item,* que nuls marchans grossiers, détailleurs ou autres, ne voisent au-devant des grains et farines que l'on amène à Paris pour vendre, et qu'ils ne les puissent acheter, si ce n'est en plein marché, sur ladite peine.

II

B. — P. 75. — **Préambule de l'arrêt du Conseil d'Etat du 13 septembre 1774.**

Le roi s'étant fait rendre compte du prix des grains dans les différentes parties de son royaume, des lois rendues successivement sur le commerce de cette denrée, et des mesures qui ont été prises pour assurer la subsistance des peuples et prévenir la cherté, Sa Majesté a reconnu que ces mesures n'ont point eu le succès qu'on s'en était promis.

Persuadée que rien ne mérite de sa part une attention plus prompte, elle a ordonné que cette matière fût de nouveau discutée en sa présence, afin de ne se décider qu'après l'examen le plus mûr et le plus réfléchi. Elle a vu avec la plus grande satisfaction que les plans les plus propres à rendre la subsistance de ses sujets moins dépendante des vicissitudes des saisons se réduisent à observer l'exacte justice, à maintenir les droits de la propriété et la liberté légitime de ses sujets.

En conséquence, elle s'est résolue à rendre au commerce des grains dans l'intérieur de son royaume, la liberté qu'elle regarde comme l'unique moyen de prévenir, autant qu'il est possible, les inégalités excessives dans les prix, et d'empêcher que rien n'altère le prix juste et naturel que doivent avoir les subsistances, suivant la variation des saisons et l'étendue des besoins.

En annonçant les principes qu'elle a cru devoir adopter et les motifs qui ont fixé sa décision, elle veut développer ces motifs non-seulement par un effet de sa bonté et pour témoigner à ses sujets qu'elle se propose de les gouverner toujours comme un père conduit ses enfants, en mettant sous leurs yeux leurs véritables intérêts, mais encore pour prévenir ou calmer les inquiétudes que le peuple conçoit si aisément sur cette matière, et que la seule instruction peut dissiper; surtout pour assurer davantage la subsistance des peuples, en augmentant la confiance des négociants dans des dispositions auxquelles elle ne donne la sanction de son autorité qu'après avoir vu qu'elles ont pour base immuable la raison et l'utilité reconnues.

Sa Majesté s'est donc convaincue que la variété des saisons et la diversité des terrains occasionnant une très grande inégalité dans la quantité des productions d'un canton à l'autre, et d'une année à l'autre dans le même canton, la récolte de chaque canton se trouvant par conséquent quelquefois au-dessus et quelquefois au-dessous du nécessaire pour la subsistance des habitants, le peuple ne peut vivre, dans les lieux et dans les années où les moissons ont manqué, qu'avec des grains ou apportés des lieux favorisés par l'abondance, ou conservés des années antérieures; qu'ainsi le transport et la garde des grains sont, après la production, les les seuls moyens de prévenir la disette des subsistances, parce que ce sont les seuls moyens de communication qui fassent du superflu la ressource du besoin.

La liberté de cette communication est nécessaire à ceux qui manquent de la denrée, puisque si elle cessait un moment ils seraient réduits à périr.

Elle est nécessaire à ceux qui possèdent le superflu, puisque sans elle ce superflu n'aurait aucune valeur, et que les propriétaires ainsi que les laboureurs, avec plus de grain qu'il ne leur en faut pour se nourrir, seraient dans l'impossibilité de subvenir à leurs besoins, à leurs dépenses de toute espèce et aux avances de la culture indispensables pour assurer la production de l'année qui doit suivre. Elle est salutaire pour tous, puisque ceux qui, dans un moment, se refuseraient à partager ce qu'ils ont avec ceux qui n'ont pas, se priveraient du droit d'exiger les mêmes secours lorsqu'à leur tour ils éprouveront les mêmes besoins; et que, dans les alternatives de l'abondance et de la disette, tous seraient exposés tour à tour aux derniers degrés de la misère, qu'ils seraient assurés d'éviter tous en s'aidant mutuellement. Enfin, elle est juste, puisqu'elle est et doit être réciproque; puisque le droit de se procurer, par son travail et par l'usage légitime de ses propriétés, les moyens de subsistance préparés par la Providence à tous les hommes, ne peut être, sans injustice, ôté à personne.

Cette communication qui se fait par le transport et la garde des grains, et sans laquelle toutes les provinces souffriraient alternativement ou la disette ou la non-valeur, ne peut être établie que de deux manières, ou par l'entremise du commerce laissé à lui-même, ou par l'intervention du gouvernement.

La réflexion et l'expérience prouvent également que la voie du commerce libre est, pour fournir aux besoins du peuple, la plus sûre, la plus prompte, la moins dispendieuse et la moins sujette à inconvénients.

Les négociants, par la multitude des capitaux dont ils disposent, par l'étendue de leurs correspondances, par la promptitude et l'exactitude des avis qu'ils reçoivent, par l'économie qu'ils savent mettre dans leurs opérations, par l'usage et l'habitude de traiter les affaires de commerce, ont des moyens et des ressources qui manquent aux administrateurs les plus éclairés et les plus actifs. Leur vigilance, excitée par l'intérêt, prévient les déchets et les pertes; leur concurrence rend impossible tout monopole, et le besoin continuel où ils sont de faire rentrer leurs fonds promptement pour entretenir leur commerce, les engage à se contenter de profits médiocres : d'où il arrive que le prix des grains, dans les années de disette, ne reçoit guère que l'augmentation inévitable qui résulte des frais et risques du transport ou de la garde.

Ainsi, plus le commerce est libre, animé, étendu, plus le peuple est promptement, efficacement et abondamment pourvu; les prix sont d'autant plus uniformes, ils s'éloignent d'autant moins du prix moyen et habituel sur lequel les salaires se règlent nécessairement.

Les approvisionnements faits par les soins du gouvernement ne peuvent avoir les mêmes succès. Son attention, partagée entre trop d'objets ne peut être aussi active que celle des négociants occupés de leur seul commerce. Il connaît plus tard, il connaît moins exactement et les besoins et les ressources. Ses opérations, presque toujours précipitées, se font d'une manière plus dispendieuse. Les agents qu'il emploie, n'ayant aucun intérêt à l'économie, achètent plus chèrement, transportent à plus grands frais, conservent avec moins de précaution ; il se perd, il se gâte beaucoup de grains. Ces agents peuvent, par défaut d'habileté, ou même par infidélité, grossir à l'excès la dépense de leurs opérations. Ils peuvent se permettre des manœuvres coupables à l'insu du gouvernement. Lors même qu'ils en sont le plus innocents, ils ne peuvent éviter d'en être soupçonnés, et le soupçon rejaillit toujours sur l'administration qui les emploie, et qui devient odieuse au peuple par les soins mêmes qu'elle prend pour le secourir.

De plus, quand le gouvernement se charge de pourvoir à la subsistance des peuples en faisant le commerce des grains, il fait seul ce commerce, parce que, pouvant vendre à perte, aucun négociant ne peut sans témérité s'exposer à sa concurrence. Dès lors l'administration est seule chargée de remplir le vide des récoltes. Elle ne le peut qu'en y consacrant des sommes immenses, sur lesquelles elle fait des pertes inévitables.

L'intérêt de ses avances, le montant de ses pertes forment une augmentation de charges pour l'Etat, et par conséquent pour les peuples, et deviennent un obstacle aux secours bien plus justes et plus efficaces que le roi, dans les temps de disette, pourrait répandre sur la classe indigente de ses sujets.

Enfin, si les opérations du gouvernement sont mal combinées et manquent leur effet; si elles sont trop lentes et si les secours n'arrivent point à temps; si le vide des récoltes est tel que les sommes destinées à cet objet par l'administration soient insuffisantes, le peuple, dénué des ressources que le commerce réduit à l'inaction ne peut plus lui apporter, reste abandonné aux horreurs de la famine et à tous les excès du désespoir.

Le seul motif qui ait pu déterminer les administrateurs à préférer ces mesures dangereuses aux ressources naturelles du commerce libre, a sans doute été la persuasion que le gouvernement se rendrait par là maître du prix des subsistances, et pourrait, en tenant les grains à bon marché, soulager le peuple et prévenir ses murmures.

L'illusion de ce système est cependant aisée à reconnaître. Se charger de tenir les grains à bon marché lorsqu'une mauvaise récolte les a rendus rares, c'est promettre une chose impossible, et se rendre responsable à ses yeux d'un mauvais succès inévitable.

Il est impossible que la récolte d'une année, dans un lieu déterminé, ne soit pas quelquefois au-dessous du besoin des habitants, puisqu'il n'est que trop notoire qu'il y a des récoltes fort inférieures à la production de l'année commune, comme il y en a de fort supérieures. Or, l'année commune des productions ne saurait être au-dessus de la consommation habituelle : car le blé ne vient qu'autant qu'il est semé; le laboureur ne peut semer qu'autant qu'il est assuré de trouver, par la vente de ses récoltes, le dédommagement de ses peines et de ses frais, et la rentrée de toutes ses avances avec l'intérêt et le profit qu'elles lui auraient rapportés dans toute autre profession que celle de laboureur. Or, si la production des mauvaises années était égale à la consommation; si celle des années moyennes était, par conséquent, au-dessus, et celle des années abondantes incomparablement plus forte, le prix des grains serait tellement bas que le laboureur retirerait moins de ses ventes qu'il ne dépenserait en frais.

Il est évident qu'il ne pourrait continuer un métier ruineux, et qu'il n'aurait de ressource que de semer moins de grains, en diminuant sa culture d'année en année, jusqu'à ce que la production moyenne, compensation faite des années stériles, se trouvât correspondre exactement à la production habituelle.

La production d'une mauvaise année est donc nécessairement au-dessous des besoins. Dès lors, le besoin étant aussi universel qu'impérieux, chacun s'empresse d'offrir à l'envi un prix plus haut de la denrée pour s'en assurer la préférence. Non-seulement ce renchérissement est inévitable, mais il est l'unique remède possible de la rareté, en attirant la denrée par l'appât du gain.

Car puisqu'il y a un vide, et que ce vide ne peut être rempli que par les grains réservés des années précédentes ou apportés d'ailleurs, il faut bien que le prix ordinaire de la denrée soit augmenté du prix de la garde ou de celui du transport; sans l'assurance de cette augmentation l'on n'aurait point gardé la denrée, on ne l'apporterait pas : il faudrait donc qu'une partie du peuple manquât du nécessaire et pérît.

Quelques moyens que le gouvernement emploie, quelques sommes qu'il prodigue, jamais, et l'expérience l'a démontré dans toutes les occasions, il ne peut empêcher que le blé ne soit cher quand les récoltes sont mauvaises.

Si, par des moyens forcés, il réussit à retarder cet effet nécessaire, ce ne peut être que dans quelque lieu particulier, pour un temps très court; et en croyant soulager le peuple, il ne fait qu'assurer et aggraver ses malheurs.

Les sacrifices faits par l'administration pour amener ce bas prix momentané sont une aumône faite aux riches au moins autant qu'aux pauvres, puisque les personnes aisées consomment, soit par elles-mêmes, soit par la dépense de leurs maisons, une très grande quantité de grains.

La cupidité sait s'approprier ce que le gouvernement a voulu perdre, en achetant au-dessous de son véritable prix une denrée sur laquelle le renchérissement, qu'elle prévoit avec une certitude infaillible, lui promet des profits considérables.

Un grand nombre de personnes, par la crainte de manquer, achètent beaucoup au-delà de leurs besoins, et forment ainsi une multitude d'amas particuliers de grains qu'elles n'osent consommer, qui sont entièrement perdus pour la subsistance des peuples, et qu'on retrouve quelquefois gâtés après le retour de l'abondance.

Pendant ce temps les grains du dehors, qui ne peuvent venir qu'autant qu'il y a du profit à les apporter, ne viennent point. Le vide augmente par la consommation journalière; les approvisionnements par lesquels on avait cru soutenir le bas prix s'épuisent; le besoin se montre tout à coup dans toute son étendue et lorsque le temps et les moyens manquent pour y remédier.

C'est alors que les administrateurs, égarés par une inquiétude qui augmente encore celle des peuples, se livrent à des recherches effrayantes dans les maisons des citoyens; se permettent d'attenter à la liberté, à la propriété, à l'honneur des commerçants, des laboureurs, de tous ceux qu'ils soupçonnent de posséder des grains. Le commerce, vexé, outragé, dénoncé à la haine du peuple, fuit de plus en plus, la terreur monte à son comble, le renchérissement n'a plus de bornes, et toutes les mesures de l'administration sont rompues.

Le gouvernement ne peut donc se réserver le transport et la garde des grains sans compromettre la subsistance et la tranquillité des peuples. C'est par le commerce seul, et par le commerce libre, que l'inégalité des récoltes peut être corrigée.

Le roi doit donc à ses peuples d'honorer, d'encourager, de protéger d'une manière spéciale le commerce des grains comme le plus nécessaire de tous.

Sa Majesté ayant examiné sous ce point de vue les règlements auxquels ce commerce a été assujetti, et qui, après avoir été abrogés par la déclaration du 25 mai 1763, ont été renouvelés par l'arrêt du 23 décembre 1770, elle a reconnu que ces règlements renfermaient des dispositions directement contraires au but qu'on aurait dû se proposer ;

Que l'obligation imposée à ceux qui veulent entreprendre le commerce des grains de faire inscrire sur les registres de la police leurs noms, surnoms, qualités et demeures, le lieu de leurs magasins et les actes relatifs à leurs entreprises, flétrit et décourage le commerce par la défiance qu'une telle précaution suppose de la part du gouvernement, par l'appui qu'elle donne aux soupçons injustes du peuple, surtout parce qu'elle tend à mettre continuellement la matière de ce commerce, et par conséquent la fortune de ceux qui s'y livrent, sous la main d'une autorité qui semble s'être réservé le droit de les ruiner et de les déshonorer arbitrairement.

Que ces formalités avilissantes écartent nécessairement de ce commerce tous ceux d'entre les négociants qui, par leur fortune, par l'étendue de leurs combinaisons, par la multiplicité de leurs correspondances, par leurs lumières et l'honnêteté de leur caractère, seraient les seuls propres à procurer une véritable abondance ;

Que la défense de vendre ailleurs que dans les marchés surcharge, sans aucune utilité, les achats et les ventes des frais de voiture au marché, des droits de hallage, magasinage et autres, également nuisibles au laboureur qui produit et au peuple qui consomme ;

Que cette défense, en forçant les vendeurs et les acheteurs à choisir pour leurs opérations les jours et les heures des marchés, peut les rendre tardives, au grand préjudice de ceux qui attendent, avec toute l'impatience du besoin, qu'on leur porte la denrée ;

Qu'enfin, n'étant pas possible de faire dans les marchés aucun achat considérable sans y faire hausser extraordinairement les prix et sans y produire un vide subit qui, répandant l'alarme, soulève les esprits du peuple, défendre d'acheter hors des marchés c'est mettre tout négociant dans l'impossibilité d'acheter une quantité de grains suffisante pour secourir d'une manière efficace les provinces qui sont dans le besoin; d'où il résulte que cette défense équivaut à une interdiction absolue du transport et de la circulation des grains d'une province à l'autre;

Qu'ainsi, tandis que l'arrêt du 23 décembre 1770 assurait expressément la liberté du transport de province à province, il y mettait, par ses autres dispositions, un obstacle tellement invincible, que depuis cette époque le commerce a perdu toute activité, et qu'on a été forcé de recourir, pour y suppléer, à des moyens extraordinaires, onéreux à l'Etat, qui n'ont point rempli leur objet, et qui ne peuvent ni ne doivent être continués.

Ces considérations mûrement pesées ont déterminé Sa Majesté à remettre en vigueur les principes établis par la déclaration du 25 mai 1763; à délivrer le commerce des grains des formalités et des gênes auxquelles on l'avait assujetti par le renouvellement de quelques anciens règlements; à rassurer les négociants contre la crainte de voir leurs opérations traversées par des achats faits pour le compte du gouvernement. Elle les invite tous à se livrer à ce commerce; elle déclare que son intention est de les soutenir par sa protection la plus signalée; et, pour les encourager d'autant plus à augmenter dans le royaume la masse des subsistances en y introduisant des grains étrangers, elle leur assure la liberté d'en disposer à leur gré; elle veut s'interdire à elle-même et à ses officiers toutes mesures contraires à la liberté et à la propriété de ses sujets, qu'elle défendra toujours contre toute atteinte injuste. Mais si la Providence permettait que pendant le cours de son règne ses provinces fussent affligées par la disette, elle se promet de ne négliger aucun moyen pour procurer des secours vraiment efficaces à la portion de ses sujets qui souffre le plus des calamités publiques.

III

C. — P. 78. — Préambule de la déclaration du 5 février 1776.

Un des premiers soins que nous avons cru devoir au bonheur de nos peuples a été de rendre leur subsistance plus assurée, en rappelant, par l'arrêt de notre Conseil du 13 septembre 1774 et les lettres patentes expédiées sur icelui le 2 novembre suivant, la législation du commerce des grains à ses vrais principes. Nous avons désiré que ces principes fussent exposés clairement et en détail, pour faire connaître à nos peuples que les moyens les plus sûrs de leur procurer l'abondance sont de maintenir la libre circulation, qui fait passer les denrées des lieux de la production à ceux du besoin et de la consommation; de protéger et d'encourager le commerce, qui les porte le plus sûrement aux lieux où la consommation est la plus grande et le débit le plus certain.

Nous avons eu la satisfaction de voir les mesures que nous avons prises justifiées par l'expérience, puisqu'au milieu même des préjugés populaires, des inquiétudes et des troubles appuyés sur ces préjugés, et des dégâts commis par une populace ignorante et séduite; après une très mauvaise récolte, dont l'insuffisance a été prouvée par la quantité de grains nouveaux qui ont approvisionné les marchés, avant même que la récolte suivante fût achevée; malgré les dérangements et le ralentissement qu'avaient apportés, dans les spéculations des négociants, le renouvellement des anciens règlements contraires à la liberté, et l'interruption qui en avait résulté pendant plusieurs années dans le commerce des grains, la denrée n'a cependant point manqué; les provinces souffrantes ont reçu des secours de celles qui étaient mieux fournies; il a été importé dans le royaume des quantités considérables de grains, et les prix, quoique plus hauts que nous ne l'aurions désiré, n'ont cependant point été aussi excessifs qu'on les a souvent vus sous le régime prohibitif, même dans les années où la récolte avait été beaucoup moins généralement mauvaise que celle de l'année 1774.

Enfin, une meilleure récolte a ramené l'abondance. Nous ne pouvons trop nous hâter de mettre à profit ces moments de tranquillité pour achever de lever tous les obstacles qui peuvent encore ralentir les progrès et l'activité du commerce, afin que, si la stérilité afflige de nouveau nos provinces, nos peuples puissent trouver des ressources préparées d'avance contre la disette, et qu'ils ne soient plus exposés à ces variations excessives dans la valeur des grains qui détruisent la proportion entre le prix des salaires et le prix des subsistances.

Les grandes villes, et surtout les capitales, appellent naturellement l'abondance par la richesse et le nombre des consommateurs. Notre bonne ville de Paris semble être en particulier destinée, par sa position, à devenir l'entrepôt du commerce le plus étendu.

Les rivières de Seine, d'Yonne, de Marne, d'Oise, la Loire, par les canaux de Briare et d'Orléans, établissent des communications faciles entre cette ville et les provinces les plus fertiles de notre royaume; elle offre le passage naturel par lequel les richesses de toutes ces provinces doivent circuler librement et se distribuer entre elles; l'immensité de ses consommations fixerait nécessairement dans son enceinte la plus grande partie des denrées de toute nature, si rien ne les arrêtait dans leur cours; elle aurait même à sa disposition toutes celles que le commerce libre s'empresserait d'y rassembler, pour les verser sur toutes les provinces voisines.

Cependant nous reconnaissons avec peine que l'approvisionnement en grains de notre dite ville, loin d'être abondant et facile, comme il le serait dans l'état d'une libre circulation, a été, depuis plusieurs siècles, un objet de soins pénibles pour le gouvernement et de sollicitude pour la police, et que ces soins n'ont abouti qu'à en repousser entièrement le commerce.

En donnant nos lettres patentes du 2 novembre 1774, nous nous sommes proposé de chercher, dans l'examen approfondi des règlements de police particuliers à notre dite ville de Paris, les causes qui s'opposaient à la facilité de son approvisionnement, et nous avons annoncé, par l'article 5 desdites lettres patentes, notre intention de statuer sur ces règlements par une loi nouvelle.

Nous nous sommes fait représenter, en conséquence, les ordonnances, arrêts et règlements de police intervenus sur le commerce des grains et l'approvisionnement de Paris.

Nous avons reconnu que, dans des temps malheureux de troubles et de guerres civiles, dans des siècles où le commerce n'existant point encore, ces principes ne pouvaient être connus, les rois nos prédécesseurs, Charles VI, Charles IX, Henri III, ont donné quelques ordonnances sur cette matière; que, sans le concours de l'autorité royale, plusieurs règlements de police s'y sont joints pour former le corps d'une législation équivalente à une prohibition d'apporter des grains à Paris ; que l'habitude et le préjugé l'ont cependant maintenue et quelquefois confirmée ; que, même dans des temps où le gouvernement commençait à porter sur cet objet une attention plus éclairée, on a réclamé fortement pour la conservation de cette police ; qu'elle a été réservée comme si elle eût été la sauvegarde de la facilité des subsistances;

Que des officiers créés en différents temps, à la halle et sur les ports, étaient chargés de veiller à son exécution, et cependant autorisés à percevoir des droits dont la vente des grains demeure grevée.

Qu'enfin, depuis peu d'années, il a été mis un impôt sur ce commerce, pour la construction d'une halle et d'une gare.

Ainsi, en réunissant les différents effets de la police destinée à assurer les subsistances dans Paris, il demeure constant que non-seulement des droits de différente nature augmentent le prix des grains et des farines, mais que les règlements en empêchent l'abondance, et que toutes les parties de cette législation sont tellement contradictoires entre elles et contraires à leur objet, que l'indispensable nécessité de la réformer se trouve démontrée par le plus simple exposé des règlements et de leurs effets.

Une ordonnance du mois de février 1415, renouvelée par un arrêt du 19 août 1661, défend de serrer ou d'ôter des sacs les blés ou les farines arrivant par terre, de débarquer, de mettre en greniers ou en magasins, ou même sous des bannes, les mêmes denrées arrivées par eau ; en sorte que, suivant les règlements, elles doivent demeurer exposées à l'air, à la pluie et à l'humidité continue, qui les corrompt.

Le même arrêt de 1661 défend de faire aucun amas de grains, et d'en laisser séjourner dans les lieux de l'achat ou sur les ports du chargement, ou sur les routes par lesquelles ils doivent arriver.

Ces règlements réunis interdisent à la ville de Paris tout moyen de conserver des grains et farines dans son intérieur, et d'en avoir dans ses environs.

La même ordonnance de 1415 impose aux marchands qui apportent des grains à Paris l'obligation de les vendre avant le troisième marché, à peine d'être forcés de les vendre à un prix inférieur à celui des marchés précédents ; et cependant l'arrêt du 19 août 1661 et l'ordonnance de police du 31 mars 1635, après avoir interdit à tous marchands la faculté de faire aucun achat dans Paris, défend même à tout boulanger d'acheter plus de deux muids de blé par marché.

Ainsi la même police, par des dispositions contradictoires, force de vendre et défend d'acheter.

En s'y conformant exactement, la capitale ne pourrait jamais avoir de provisions que pour onze jours de consommation, car l'intervalle entre trois marchés n'étant que de onze jours, d'un côté, les marchands assurés, de n'avoir plus la disposition libre de leur denrée après cet intervalle et d'être peut-être forcés de la vendre à perte, ne porteraient jamais à Paris que les grains nécessaires à la subsistance de ces onze jours, tandis que, d'un autre côté, cette ville ne pourrait avoir aucunes provisions dans des dépôts particuliers, puisqu'ils y sont repoussés, ni même chez les boulangers, puisqu'il leur est défendu d'acheter plus de deux muids de blé.

Si cette police était observée, toutes les fois que les hautes ou les basses eaux, les gelées et les neiges, interrompraient la navigation ou les routes pendant plus de onze jours, les habitants de Paris manqueraient entièrement de subsistance dans les années les plus fertiles et au milieu de l'abondance dont jouirait le reste du royaume.

Un arrêt du Parlement du 23 août 1565 défend aux marchands de grains, sous peine de punition corporelle, de transporter, soit par terre ou par eau, en montant ou en descendant, hors de la ville les grains qu'ils y ont fait entrer. Deux ordonnances de police, de 1622 et 1632, ajoutent à la rigueur de l'arrêt, en défendant d'acheter et de faire sortir aucuns grains de la distance de dix lieues de Paris, à peine de confiscation et d'amende arbitraire.

Ces dispositions tendent à bannir le commerce des grains de la ville de Paris, où le négociant est privé de la liberté et presque de la propriété de sa denrée, et surtout de l'attrait essentiel au commerce de pouvoir se porter où il espère un bénéfice. Cette police l'avertit même qu'il ne doit ni s'approcher de la ville, ni passer dans l'arrondissement de la ville, et cet espace devient un point de séparation insurmontable entre toutes les provinces qui pourraient profiter des avantages de la navigation pour se prêter des secours mutuels, de manière que la Bourgogne et la Champagne, surchargées de grains, ne pourraient secourir la Normandie affligée de la disette, par la seule raison que la Seine traverse Paris et son arrondissement; de même qu'à peine aucun secours ne pouvait être porté de Normandie à Paris et au-delà, en remontant la Seine, avant que, par notre édit du mois de juin 1775 portant suppression des offices de marchands privilégiés et porteurs de grains et abolition du droit de banalité de la ville de Rouen, nous eussions levé les obstacles qui interceptaient dans cette ville le commerce des grains.

L'ordonnance de police de 1635, ci-dessus citée et confirmée par un édit de 1672, défend aux marchands qui ont commencé la vente d'un bateau de blé d'en augmenter le prix, et, par une injustice évidente, le marchand soumis aux hasards qui en ont diminué le prix au commencement de sa vente, ne peut profiter de ceux qui, avant la fin de cette vente, peuvent rendre le prix plus avantageux.

Les mêmes règlements enjoignent encore à tout négociant qui fait transporter des grains à Paris de les y vendre en personne ou par des gens de sa famille, et non par des facteurs. On ignorait alors que le laboureur ne peut abandonner les travaux de sa culture, ou le négociant le soin de son commerce, pour suivre une partie de ses marchandises ; qu'ils ne peuvent l'un et l'autre se déplacer sans frais, et que leurs dépenses, devant être remboursées par leur commerce, augmenteraient inutilement le prix des grains.

La défense faite aux voituriers, par l'arrêt de 1661, de vendre des grains dans les chemins ou même de délier les sacs, à peine de confiscation, est sans objet à l'égard du commerce qui ne s'arrête pas dans ses destinations pour se livrer à de semblables détails, elle serait inhumaine pour ceux de nos sujets qui pourraient éprouver des besoins pressants ; elle est encore incommode et rebutante pour le négociant, qu'elle expose à être inquiété et peut-être injustement puni si quelque accident oblige de toucher aux sacs de grains qu'il fait conduire.

Enfin, l'obligation imposée par le même arrêt de 1661 à ceux qui font le commerce des grains pour Paris de passer leurs factures par-devant notaires, de les représenter aux officiers des grains, de les faire enregistrer sur des registres publics, est une formalité contraire à tous les usages, à l'intérêt du commerce, qui exige surtout de la bonne foi, le secret et la célérité des expéditions, et cette loi n'a d'autre objet que d'occasionner des frais qui augmentent le prix des ventes.

C'est par de tels règlements qu'on s'est flatté autrefois, et presque jusqu'à nos jours, de pourvoir à la subsistance de notre bonne ville de Paris. Les négociants, qui, par état, sont les agents nécessaires de la circulation, qui portent infailliblement l'abondance partout où ils trouvent liberté, sûreté et débit, ont été traités comme des ennemis qu'il fallait vexer dans leur route et charger de chaînes à leur arrivée. Les blés qu'ils apportaient dans la ville ne devaient plus en sortir; mais ils ne pouvaient ni les conserver, ni les garantir des injures de l'air et de la corruption : on s'efforçait de précipiter les ventes; on arrêtait les achats; le marchand devait vendre ses grains en trois jours de marché ou en perdre la disposition; l'acheteur ne pouvait s'en pourvoir que lentement et en petites parties; la diminution des prix faisait la loi au négociant; leur augmentation ne pouvait lui profiter; les marchands de grains, effrayés par les rigueurs de la police, étaient encore dévoués à la haine publique; le commerce, opprimé, diffamé de toutes parts, fuyait la ville; un arrondissement de vingt lieues de diamètre séparait entre elles et de notre dite ville les provinces les plus abondantes; et cependant toutes précautions étaient interdites dans l'intérieur et sur les abords; on paraissait même conspirer contre les moissons futures, en exigeant que le laboureur quittât son travail pour suivre ses grains et les vendre par lui-même.

Cette police désastreuse a produit dans les temps anciens les effets qu'on devait en attendre : des chertés excessives et longues ont succédé rapidement à des années d'abondance; elles se sont prolongées sans disette effective; elles ont conseillé des remèdes violents et dangereux qui les ont perpétuées, parce que le commerce, anéanti par les règlements, ne pouvait donner aucun secours.

Tels sont les effets que notre ville de Paris a éprouvés dans les années 1660, 1661, 1662, 1663; dans les années 1692, 1693, 1694; dans les années 1698 et 1699; et enfin dans l'année 1709, et, depuis, dans les années 1740 et 1741, temps funeste où le prix des grains, étant modéré dans plusieurs provinces, était cependant excessif à Paris; où l'excès de ce prix était déterminé non par leur quantité effective, mais par l'avidité du petit nombre de marchands auxquels la vente des grains était livrée, sous un régime qui ne permettait ni commerce, ni circulation, ni concurrence. L'abandon de ces règlements nuisibles, fondé sur les lois de la nécessité, a pu seul rendre moins incertain l'approvisionnement de notre bonne ville de Paris : ils menaçaient sans cesse de disette et de cherté; il était indispensable de tolérer des ressources contre les obstacles que pouvaient opposer les glaces ou les inondations; d'avoir des magasins dans l'arrondissement de dix lieues et même dans l'intérieur, de souffrir que les marchands pussent préserver leurs grains des injures de l'air, qu'ils eussent le temps de les vendre, la faculté d'employer des facteurs ; et ce n'est qu'à l'inexécution de ces lois que Paris a dû sa subsistance.

Mais l'inexécution de telles lois ne suffit pas pour rassurer le commerce, que leur existence menace encore : il n'a point repris ses fonctions ; le gouvernement, ne pouvant y mettre sa confiance, s'est cru obligé de pourvoir par lui-même à l'approvisionnement de la capitale. Il a éprouvé que cette précaution, réputée nécessaire, avait les plus grands inconvénients ; que le commerce qui se faisait sous ses ordres n'admettait ni l'étendue, ni la célérité, ni l'économie du commerce ordinaire ; que ses agents autorisés portaient dans tous les marchés où ils paraissaient le renchérissement et l'alarme ; qu'ils pouvaient même, par la nature de leurs fonctions, commettre plusieurs abus ; que les opérations de ce genre, consommant le découragement et la fuite absolue du commerce ordinaire, surchargeaient de dépenses énormes les finances, et par conséquent nos sujets qui en fournissent les fonds ; enfin, qu'elles ne remplissaient pas leur objet.

C'est surtout dans ces derniers temps que ces inconvénients multipliés se sont fait sentir plus vivement. La déclaration du 25 mai 1763 semblait préparer la prospérité de l'agriculture et la facilité des subsistances, en ordonnant que la circulation des grains fût entièrement libre par tout le royaume ; mais une multitude d'obstacles particuliers et locaux trompaient le vœu général de la loi, et embarrassaient toutes les communications; ils n'étaient encore ni reconnus ni levés.

L'édit de juillet 1764 n'avait eu qu'une exécution momentanée lorsque ses dispositions ont été restreintes; cette législation, encore incomplète, demandait de nouveaux soins, et cependant des récoltes faibles ne laissaient considérer qu'avec timidité tout projet d'innovation, lorsque l'arrêt du Conseil du 23 décembre 1770 et les lettres patentes du 16 septembre 1771, en rappelant le régime prohibitif des siècles passés, ont resserré les chaînes dont le commerce des grains commençait à peine à se débarrasser, et, en ordonnant cependant la libre circulation, l'ont surchargée de formalités nombreuses et compliquées qui la rendaient impossible.

A cette époque, l'inégalité des récoltes a cessé d'être la mesure de la valeur des grains : leur vrai prix n'a existé en aucun lieu; on l'a vu excessif en quelques endroits, modéré et même bas dans des lieux assez voisins. Le blé et le seigle ont manqué dans nos ports les plus fréquentés par le commerce, et n'ont pu y être portés des autres lieux où régnait l'abondance, lorsqu'il ne s'y est point trouvé de siège d'amirauté. L'apparence toujours prochaine de quelque disette locale a suchargé le gouvernement de sollicitudes, de dépenses excessives, d'opérations forcées, qui ont donné au peuple beaucoup d'inquiétude et trop peu de secours réels; et, dans cet espace de temps où plusieurs récoltes ont été assez bonnes, le prix des grains en général a été plus haut qu'on ne l'a vu en 1775, après la mauvaise récolte de 1774.

L'examen de ces faits, qui sont de notoriété publique, nous a convaincu que le commerce affranchi de toute gêne et de toute crainte peut seul suffire à tous les besoins, prévenir les inégalités des prix, les variations subites et effrayantes qu'on a vu trop souvent arriver sans cause réelle; qu'il pourrait seul, en cas de malheur, suppléer au vide des disettes effectives, auxquelles toutes les dépenses du gouvernement ne pourraient remédier.

Déterminé à donner dans tous les temps à nos peuples des

preuves de notre amour, à faire les sacrifices que leur bonheur et la facilité des subsistances pourront exiger de nous, nous voulons choisir par préférence et leur faire connaître ceux dont l'utilité est la plus certaine et la plus directe ; nous nous proposons de fixer l'abondance dans leurs murs, en révoquant des règlements qui la bannissent, en affranchissant les grains des droits qui en augmentent le prix et qui en troublent le commerce, enfin, en le délivrant des fonctions incommodes de quelques offices créés pour veiller à l'exécution de ces règlements, et que nous avons cru de notre sagesse de supprimer, avec d'autres offices du même genre, par notre édit de ce mois.

Nous nous déterminons à exempter de tous droits et faire jouir d'une immunité absolue les blés, méteils, seigles, farines, pois, fèves, lentilles et riz destinés à la consommation du peuple de notre dite ville ; mais en exerçant notre bienfaisance pour l'extinction actuelle de ces droits, nous n'oublierons pas qu'il est de notre justice de pourvoir aux indemnités dues pour raison des suppressions que nous nous proposons d'ordonner.

Une partie des droits qui se perçoivent sur les grains a été concédée au prévôt des marchands et échevins de notre bonne ville de Paris, par la déclaration du 25 novembre 1762, pour l'établissement de la halle neuve et d'une gare. Le produit est affecté au paiement de charges réelles, à l'acquittement desquelles il sera par nous pourvu jusqu'au 1er janvier 1783, temps auquel le paiement de droit de halle et de gare doit cesser, aux termes de la même déclaration.

Une autre partie de ces mêmes droits était attribuée aux offices des mesureurs et porteurs de grains établis sur la halle et sur les ports par édit du mois de juin 1730, et qui sont compris dans la suppression générale ordonnée par notre édit de ce mois.

L'ordre à établir pour effectuer les indemnités assurées à ces officiers par notre édit exige que nous réservions, pour être perçue à notre profit, une partie des droits qui avaient été attribués à ces mêmes offices sur l'avoine, les grains et grenailles autres néanmoins que les blés, méteils, seigles, farines, pois, fèves, lentilles et riz, et moins utiles à la subsistance de notre peuple que les espèces que nous affranchissons spécialement.

Nous voulons néanmoins distinguer et éteindre dès à présent la portion des droits qui ne représentait que les salaires des porteurs employés au service de la halle ; nous n'en ferons percevoir que la portion attribuée aux officiers, comme intérêts de leurs finances.

Nous ne doutons pas que le commerce, délivré de toutes les gênes et encouragé par nos lois, ne pourvoie à tous les besoins de notre bonne ville de Paris. Ainsi l'abondance constante et le juste prix des subsistances deviendront la suite et l'effet de la réforme d'une police nuisible, de la protection que nous accordons au commerce, de la liberté des communications, enfin de l'immunité absolue de tous les droits qui augmentaient les prix ; et le bien que nous aurons fait à nos sujets sera la récompense la plus douce des soins que nous prenons pour eux.

IV

D. — P. 84. — **Préambule de la déclaration du 17 juin 1787.**

Dès les premiers instants de notre avènement au trône, notre principale attention s'est portée sur ce qui intéresse la production des grains et leur commerce dans le royaume. Nous avons reconnu qu'encourager leur culture et faciliter leur circulation dans toutes les provinces c'était le moyen d'en assurer l'abondance et de les faire arriver partout où le besoin s'en ferait sentir ; que ce double avantage ne pouvait être que le résultat de la liberté ; qu'elle seule était conforme aux principes de la justice, puisque le droit de disposer à son gré des productions que l'on a fait naître par ses avances et ses travaux fait partie essentielle de la propriété ; qu'elle seule pouvait entretenir habituellement un prix favorable aux différentes classes de citoyens ; qu'elle en prévenait les variations trop rapides, et qu'elle préservait du monopole, qui devient rigoureusement impossible lorsque chaque vendeur peut jouir de la concurrence de tous les acheteurs, et chaque acheteur de celle de tous les vendeurs.

Ces principes ont dicté l'arrêt que nous avons rendu en notre Conseil le 13 septembre 1774, et nos lettres patentes expédiées sur son contenu le 2 novembre de la même année; nous y avons ordonné que le commerce des grains et des farines jouirait d'une entière liberté dans l'intérieur de notre royaume, et nous nous sommes réservé de statuer sur la liberté de la vente à l'étranger lorsque les circonstances seraient devenues plus favorables.

Ce qui survint à cette occasion ne servit qu'à nous apprendre que si les disettes réelles sont fort rares, des alarmes populaires peuvent en produire momentanément l'apparence, et qu'il est d'une sage administration de se tenir en état de remédier promptement aux maux que l'opinion égarée pourrait produire.

Dès l'année suivante la récolte ayant été généralement abondante dans nos Etats, la permission d'exporter des grains à l'étranger nous fut demandée de toutes parts. Nous l'accordâmes par notre déclaration du 10 février 1776, sous les mêmes règles qui avaient été adoptées par le feu roi, notre auguste aïeul, dans l'édit du mois de juillet 1764, et y ajoutant même encore plus de facilité, nous ordonnâmes, par nos lettres patentes du 25 mai et par notre déclaration du mois de septembre de la même année, que la sortie des grains à l'étranger aurait lieu ou serait suspendue d'elle-même, suivant que le prix des blés serait au-dessus ou au-dessous de 12 livres 10 sous le quintal.

Quelques inquiétudes s'étant élevées sur la récolte de 1777, l'exportation des grains fut interdite au mois de septembre de la même année et dans le cours de la suivante. Depuis, l'exportation des grains a été différentes fois permise ou défendue par voie d'administration.

Nous avons consacré ce temps à l'expérience et à de mûres considérations sur le passé. Il n'est pas rare que les vérités politiques aient besoin du temps et de la discussion pour acquérir une sorte de maturité. Ce n'est qu'insensiblement que les préjugés s'affaiblissent, que les fausses lumières se dissipent, et que l'intérêt commun, inséparable de la vérité, finit par prévaloir et subjuguer tous les esprits. Il est maintenant reconnu, comme nous en sommes convaincu, que les mêmes principes qui réclament la liberté de la circulation des grains dans l'intérieur de notre royaume sollicitent aussi celle de leur commerce avec l'étranger ; que la défense de les exporter quand leur prix s'élève au-dessus d'un certain terme est inutile, puisqu'ils restent d'eux-mêmes partout où ils deviennent trop chers ; qu'elle est même nuisible, puisqu'elle effraie les esprits, qu'elle presse les achats dans l'intérieur, qu'elle resserre le commerce, qu'elle repousse l'importation, enfin, que toute hausse de prix déterminée par la loi pouvant être provoquée pendant plusieurs marchés consécutifs par des manœuvres coupables, elle ne saurait indiquer ni le moment où l'exportation pourrait sembler dangereuse, ni celui où elle est encore nécessaire, et que c'était aux inconvénients de cette disposition qu'on devait attribuer les atteintes portées à l'exécution et aux vues de l'édit de juillet 1764 et des lois subséquentes.

Nous avons, en conséquence, jugé que le temps était venu de fixer les principes sur cette matière et de déclarer que la liberté du commerce des grains doit être regardée comme l'état habituel et ordinaire dans notre royaume, sans, néanmoins, que nous cessions jamais de veiller à la subsistance de nos peuples avec tous les soins qu'exige cet objet essentiel de notre sollicitude paternelle.

Les moyens que nous avons pris pour être toujours instruit

du véritable état des récoltes et continuellement en mesure de pourvoir, dans les premiers moments, aux besoins subits et passagers, doivent suffire pour rassurer les esprits les plus prompts à s'alarmer ; et cependant ces moyens, toujours conformes à nos principes, toujours analogues aux circonstances, sont tels, qu'ils ne pourront jamais inquiéter le commerçant ni troubler en aucune sorte ses opérations. Si nous nous sommes réservé de suspendre l'exportation par des défenses locales, ce ne sera que quand elles auront été reconnues nécessaires et qu'elles nous auront été demandées, soit par quelques-uns de nos Etats, soit par quelques-unes de nos assemblées provinciales que nous venons d'établir, ou par leur commision intermédiaire; et ces défenses, qui seront des exceptions momentanées à la règle générale, ne pourront jamais nuire aux provinces qui ne les auront pas demandées, et ne pourront jamais être portées pour plus d'un an, sauf à les renouveler si la continuation des besoins l'exigeait et nous en faisait solliciter par les mêmes provinces qui les auraient obtenues.

V

E. — P. 136. — **Circulaire de M. le Ministre de l'agriculture, du commerce et des travaux publics, relative au décret du 16 novembre 1858 sur les réserves de la boulangerie.**

Paris, le 17 novembre 1858.

Monsieur le Préfet, la formation, pendant les temps d'abondance, de réserves de grains destinées à atténuer les effets de la cherté pendant les temps de disette, est l'application de la règle la plus élémentaire de la prévoyance. Son utilité et ses bienfaits pour l'ordre et l'alimentation ne nécessitent aucune démonstration.

Deux modes de constitution de ces approvisionnements ont été successivement tentés par les gouvernements qui ont voulu aborder la question : l'un purement administratif, l'autre principalement commercial.

Les réserves administratives, achetées à l'aide des deniers publics, conservées et gérées par les soins de fonctionnaires ou d'agents salariés, ont été essayées tantôt d'une manière générale, tantôt dans des proportions restreintes.

Les tentatives embrassant le territoire entier de la France ont toujours été impuissantes. En 1557, Henri III ordonnait aux bonnes villes de France de faire avec les deniers municipaux des achats considérables de grains, et de les conserver jusqu'aux époques de disette. L'ordonnance resta à peu près inexécutée.

En 1793, la Convention décrétait l'établissement de greniers d'abondance dans chaque chef-lieu de district, et affectait cent millions à des achats de grains. Elle autorisait même la libération, en céréales, des impôts arriérés et de ceux de l'année courante. Les cent millions n'étaient pas à la disposition du pouvoir révolutionnaire, les greniers d'abondance ne furent pas établis.

Les réserves administratives, prescrites dans un cadre plus restreint, ont été réalisées. Louis XV ordonna la formation à Corbeil d'un approvisionnement destiné à Paris. Cette réserve fut maintenue jusqu'en 1789. Des dépôts plus considérables, connus sous le nom de *réserve de Paris,* et confiés à une administration spéciale, ont été reconstitués sous le Consulat et l'Empire ; consommés pendant les disettes de 1811, 1816 et 1817, ils ont été soigneusement renouvelés et maintenus par l'administration jusqu'en 1830.

A cette époque, le système succomba sous de justes critiques consacrées par une expérience prolongée : l'inhabileté inévitable des administrations publiques pour des opérations de commerce, les frais d'emmagasinement, les dépenses d'un personnel administratif plus nombreux, par-dessus tout les inquiétudes du commerce, dont la sécurité était troublée par la possibilité de ventes administratives au-dessous des cours, possibilité qui, parfois, était devenue un fait.

Mais, dès 1811, l'empereur Napoléon Ier avait posé les règles d'un mode de réserve commerciale susceptible d'être étendu à une grande partie du territoire, et qui n'expose l'État à aucun sacrifice, le commerce de grains à aucune perturbation subite.

La boulangerie, cette profession placée par nos lois sous l'autorité de l'administration, fut réglementée dans un grand nombre de villes, et la base principale de cette réglementation fut, pour chaque boulanger, l'obligation de maintenir dans ses greniers ou dans des magasins publics un approvisionnement calculé sur sa consommation journalière.

Ces réserves, disséminées dans un très grand nombre de mains et sur toutes les parties du territoire, se trouvaient ainsi formées par l'homme le plus intéressé à faire des achats dans de bonnes conditions, à opérer la manutention la plus économique et la plus soigneuse, puisqu'il était appelé à réaliser tous les bénéfices commerciaux de cet acte d'intelligente prévoyance.

Ce régime est aujourd'hui établi dans cent soixante et quelques villes de l'Empire; malheureusement, des considérations locales déduites de la facilité, pour certaines cités, de s'approvisionner soit à l'etranger, soit dans des centres de production, ont fait perdre de vue la pensée générale et féconde qui avait imposé à la boulangerie des réserves, et celles-ci ont été souvent fixées à des quotités insignifiantes. C'est seulement à une date récente que les boulangeries de la Seine et de Lyon ont été assujéties à des approvisionnements représentant au moins trois mois de leur consommation journalière.

L'abondance des deux récoltes de 1857 et de 1858, l'abaissement extrême du prix actuel des céréales, le souvenir de quatre années de disette, souvenir qui s'efface trop facilement de certains esprits, mais dont le gouvernement ne pouvait laisser stériles les enseignements, ont ramené l'attention et la sollicitude de l'Empereur sur la question des réserves de grains.

Or, le développement des réserves commerciales par la boulangerie a paru pouvoir favoriser le mieux les intérêts de l'agriculture dans le présent, et ceux de la boulangerie et de la consommation dans l'avenir. Ce développement peut être obtenu en rendant uniforme, pour toutes les boulangeries réglementées, la quotité proportionnelle d'approvisionnements exigée pour le département de la Seine et pour Lyon.

Tel est l'objet de l'art. 1er du décret du 16 novembre, dont j'ai l'honneur, Monsieur le Préfet, de vous adresser une ampliation. Cet article oblige les boulangers de toutes les villes mentionnées au tableau qui forme l'annexe du décret à constituer des approvisionnements pouvant suffire à leur consommation pendant trois mois au moins.

L'art. 2 vous confie la mission de déterminer, après avoir consulté les administrations municipales : 1° dans quel délai les réserves doivent être constituées; 2° si elles doivent l'être en grains ou en farines, ou encore simultanément à l'aide de chacune de ces denrées.

Comme éléments de ces deux prescriptions, vous tiendrez compte de la situation de la boulangerie, des habitudes et des nécessités locales. Vous ne sauriez astreindre les boulangers à satisfaire précipitamment aux obligations que leur impose le décret, mais vous devez renfermer dans des limites raisonnables les délais qui leur seront accordés. Là où ces commerçants sont encore dans l'usage d'acheter des blés et de les faire moudre, vous croirez probablement utile d'ordonner les approvisionnements en grains. Dans les villes, au contraire, où les acquisitions sont faites en farines, vous jugerez plus rationnel de composer la réserve de cette dernière denrée. Vous tiendrez compte, dans tous les cas, du mode d'approvisionnement qui serait reconnu le plus économique et le plus avantageux.

Le gouvernement ne s'exagère pas, Monsieur le Préfet, la portée des mesures que je viens d'analyser. Il n'ignore pas qu'elles n'intéressent qu'une moindre partie de la population ; aussi a-t-il porté ses regards plus avant, et s'est-il préoccupé de la possibilité d'étendre ses moyens d'action. Les habitants des hameaux ou des villages font eux-mêmes leur panification, et prélèvent sur leur récolte la quantité de blé nécessaire à l'alimentation de la famille pendant l'année. L'intervention du gouvernement à leur égard serait à la fois inutile et impossible. Mais, dans un certain nombre de chefs-lieux de départements, dans un plus grand nombre de chefs-lieux d'arrondissements, de cantons, ou même de communes populeuses, la boulangerie est chargée de la fabrication d'une partie importante du pain consommé; cependant elle n'a été l'objet d'aucune réglementation, et n'est astreinte à aucun approvisionnement. N'est-il pas possible de placer les boulangers de ces centres de population sous le même régime, et de leur imposer la même loi salutaire de prévoyance. Le gouvernement est disposé à penser que ses prescriptions à cet égard ne rencontreront pas d'objections de principe sérieuses, et à n'attribuer qu'à l'inertie ou à une indifférence déraisonnable la non application des mêmes règles à des situations pourtant similaires.

Toutefois, je crois utile de provoquer vos observations préalablement à toute décision. Je vous prie donc de consulter les administrations municipales, et de me faire connaître si vous pensez que les dispositions du décret du 16 novembre puissent être appliquées à des communes de votre département non comprises dans le tableau annexé à ce décret.

L'exécution des mesures qui font l'objet de cette circulaire, qu'elles soient ou non généralisées ultérieurement, présentera deux difficultés : l'appropriation de locaux suffisants pour y recevoir les dépôts obligatoires; la réalisation des capitaux nécessaires à l'achat des réserves.

Les boulangers devront, le plus possible, utiliser les dépendances de leurs magasins dont la surveillance est nécessairement plus facile; mais vous devez, Monsieur le Préfet, inviter les municipalités à organiser ou à mettre à la disposition de la boulangerie des magasins publics propres à recevoir, moyennant un prix de location déterminé par des tarifs, le complément de toutes les réserves. Je ne doute pas que le concours éclairé des autorités municipales ne rende ces opérations faciles.

Quant à la réalisation des capitaux nécessaires, je suis convaincu que les bonlangers feront les plus sérieux efforts pour se procurer les sommes dont ils auront besoin. Un pareil emploi de capitaux a des avantages commerciaux trop caractérisés et leur promet des bénéfices trop légitimes, pour que le crédit leur fasse défaut, surtout à un moment où l'intérêt de l'argent est peu élevé. Serait-ce trop présumer, Monsieur le Préfet, du bon vouloir des capitalistes de chaque commune, que d'espérer leur concours en faveur de la boulangerie? Ne trouveraient-ils pas dans les réserves constituées un gage assuré de leurs créances, gage plutôt destiné à augmenter de valeur qu'à dépérir? Je serais heureux que les efforts que vous voudrez bien faire dans ce but fussent couronnés de succès. Au besoin, je me demande si les municipalités ne devraient pas, à l'instar de ce que fait la Caisse de Paris, créer des ressources et les employer en avances à la boulangerie. Aussi bien pour encourager et faciliter ces avances, comme pour les multiplier par la circulation, les magasins destinés à recueillir les réserves pourraient recevoir le caractère de *Magasins généraux* et délivrer des *warrants,* qui seraient certainement acceptés avec faveur par nos établissements financiers, et notamment par la Banque de France.

Je suis autorisé à penser qu'une circulaire de M. le ministre de l'intérieur appellera votre attention spéciale sur cet ensemble de dispositions.

La question des réserves de grains, Monsieur le Préfet, laisse entières les thèses relatives à l'exportation des céréales qui se continue toujours sur une vaste échelle, et celles concernant les arrivages des grains étrangers qui sont complètement nuls en ce moment; je vous entretiendrai prochainement de ce grave sujet.

BIBLIOGRAPHIE

ABEILLE (L.-P.). *Lettre d'un négociant sur la nature du Commerce des Grains*. Paris, 1763, in-8°.

— *Réflexions sur la Police des Grains en France et en Angleterre*. Paris, 1764, in-8°.

— *Principes sur la liberté du Commerce des Grains*. Amsterdam et Paris, 1768, in-8°.

BASTIAT (FR.). *Cobden et la Ligue, etc.* Paris, Guillaumin, 1846, 1 vol. in-8°.

BAUDEAU. *Avis au Peuple sur son premier besoin ou Petits traités économiques*, par l'auteur des Ephémérides. Paris, 1768, 1 vol. in-12.

— *Résultats de la liberté et de l'immunité du Commerce des Grains, de la farine et du pain*. Paris, 1768, in-12.

BOISGUILBERT. *Traité de la nature, culture, commerce et intérêt des Grains*, etc.

CANDOLLE-BOISSIER. *Examen de quelques questions d'Economie politique sur les Blés, la Population, le Crédit public et les Impôts*. Genève, Paris, 1816, in-8.

CHAILLOU-DESBARRES. *Essai historique et critique sur la Législation des Grains*. Paris, Didot, 1820, in-8.

CONDORCET. *Réflexions sur le Commerce des Blés*. Londres, 1776, in-8.

DECHALOTTE. *Traité sur les subsistances, et Projet d'un approvisionnement de réserve en Grains pour toute la France, sans qu'il en coûte rien au Trésor*. Paris, Mme Huzard, 1829, in 8°.

DELAMARE. *Traité de la police*, 2e édition. Paris, 1722, 2e vol.

DUBOIS (L.). *Des moyens de diminuer la Consommation des Subsistances par l'emploi économique des Substances alimentaires*. Paris, Mme Huzard. 1817, in-12.

DUBRUNFAUT. *Suppression des Disettes par l'Impôt*, etc. Paris, 1854, br. in-8°.

DUPIN (CH.). *Mémoire sur les Blés, avec un projet d'édit pour maintenir en tout temps la valeur des Grains à un prix convenable au vendeur et à l'acheteur*. 1748.

DUPIN (Le baron Ch.). *Rapport fait au nom de la Commission chargée, par la Chambre des députés, d'examiner le Projet de loi sur les Céréales*. Paris, 1831, in-4°.

DUPONT (De Nemours). *De l'Exportation et de l'Importation des Grains*, 1764, in-8°.

— *Lettre au sujet de la cherté du Blé en Guyenne*. 1764, in-8°.

— *Objections et réponses sur le Commerce des Grains et Farines*. 1769.

— *Observations sur les effets de la liberté du Commerce des Grains et sur ceux des prohibitions*. Bâle et Paris, 1770, in-8°.

— *Analyse historique de la Législation des Grains, depuis 1692*. Paris, 1789, in-8°.

DUPRÉ DE SAINT-MAUR. *Recherches sur la valeur des monnaies et sur le prix des Grains avant et après le Concile de Francfort*. Paris, 1762, in-12.

DUVAUCELLES. *Mémoire sur les meilleurs moyens d'assurer l'approvisionnement de la capitale*. 1771, in-4°.

EMION (Victor). *Législation, jurisprudence, et usages du commerce des Céréales.* Paris, 1855, in-8°.

FAITS *qui ont influé sur la Cherté des Grains en France et en Angleterre.* 1768, in-8°.

FORBONNAIS (Véron de). *Sur la liberté du Commerce des Grains avec l'étranger.*

FRANÇOIS DE NEUFCHATEAU. *Mémoire sur l'Etablissement d'un Grenier d'abondance ou Magasin public dans chaque canton.* 1793.

GALIANI. *Dialogues sur le Commerce des Blés.* Londres, Paris, 1770.

GAUTIER. *Cérès française, ou Tableau raisonné de la Culture et du Commerce des Céréales en France.* Paris, Mme Huzard, 1833, 1 vol in-8°.

GOYON DE LA PLOMBANIE (H. de). *Vues politiques sur le Commerce des Denrées.* Amsterdam et Paris, 1776.

HAYNAU (Le baron Louis de). *Sur la Législation et le Commerce des Grains, suivis d'un Projet de Loi.* Paris, Mme Huzard, 1830, 2e édition, in-8°.

HERBERT (Cl.-J.). *Essai sur la Police générale des Grains.* Londres, 1754, in-8°; Berlin, 1755, in-12.

— *Observations sur la liberté du Commerce des Grains.* Paris, 1759 in-12.

LABOULINIÈRE. *De la disette et de la surabondance en France, des moyens de prévenir l'une, en mettant l'autre à profit, et d'empêcher la trop grande variation dans les prix des Grains.* Paris, 1821-22, 2 vol.

LASTOUR (Le marquis de). *Projet contre la Disette des Grains* Paris, 1819, in-8°.

LENOBLE (P.-M.). *Examen général et détaillé des Récoltes et des Consommations de Blé en France, avec indication des moyens propres à remédier à la surabondance et aux disettes.* Paris, 1822, in-8°.

LETROSNE. *La Liberté du Commerce des Grains toujours utile et jamais nuisible.* Paris, 1765, in-8°.

— *Lettres à un ami sur les avantages de la Liberté du Commerce des Grains et le danger des prohibitions.* Amsterdam et Paris, 1768.

LINGUET. *Du Commerce des Grains.* Nouvelle édition augmentée d'une Lettre à M. Tissot sur le mérite politique et physique du pain et du blé. 1789.

MALISSET (J. B. A.). *Tranquillité sur les Subsistances,* ou *Moyen pour parer, dans tous les temps, à la cherté des Grains en France.* Paris, 1789, in-8°.

MARCHAL (Louis). *Question des Subsistances.* Paris, 1849, in-12.

MAROLLES (M. de) *Les Greniers d'abondance appropriés à notre époque.* Paris, Mme Huzard, 1850, in-8°.

MATHIEU DE DOMBASLE. *Halle au blé de Nancy, subsistances, boulangers, accapareurs, approvisionnements de réserves,* etc. Nancy, Ve Bontemps, 1818, in-8°.

MAURICE BLOCK. *Des Charges de l'Agriculture dans les divers pays de l'Europe.* Paris, Mme Huzard, 1851.

MERCIER DE LARIVIÈRE. *L'Intérêt général de l'Etat,* ou *la Liberté du Commerce des blés démontrée conforme au droit naturel.* Amsterdam et Paris, 1770.

MESSANCE. *Recherches sur la Population des généralités d'Auvergne, de Lyon, de Rouen et de quelques provinces ou villes du royaume, avec des réflexions sur la valeur du blé tant en France qu'en Angleterre, depuis* 1764 *jusqu'en* 1766.

MICHEL CHEVALIER. *Des Forces alimentaires des Etats.* Paris, 1847.

MILLORI (P.-J.). *De la grande Variation du prix des Grains, des moyens de le fixer entre des limites plus rapprochées.* Paris, Mme Huzard, 1829, in-8°.

MIRABEAU (le marquis de). *Lettres sur le Commerce des Grains*. Amsterdam et Paris, 1768, in-12.

MOLINARI (G. de). *Histoire du Tarif* (les céréales). Paris, Guillaumin, 1847.

— *Conversations familières sur le Commerce des Grains*, Paris, Guillaumin, 1855.

MONTAUDOIN (J.-G.). *Supplément à l'Essai sur la police des Grains*. La Haye, 1757, in-12.

MORELLET (l'abbé). *Réfutation de l'ouvrage* (de Galiani) *qui a pour titre : Dialogues sur le Commerce des blés*. Londres, 1770, in-8°.

— *Analyse de l'ouvrage* (de Necker) *intitulé : De la Législation et du Commerce des Grains*. Amsterdam et Paris, 1775, in-8°.

NECKER. *Sur la Législation et le Commerce des Grains*. Paris, 1775, in-8°.

PARIS (J.-J.). *Essai sur cette question : Quels sont les meilleurs moyens de prévenir, avec les seules ressources de la France, les disettes de blé et les trop grandes variations dans les prix*. Paris, Mme Huzard, 1819, in-8°.

PARMENTIER. *Mémoire sur les avantages du commerce des Grains et des farines*. Paris, 1785, in-8°.

REIMARUS. *Nouvelle Exposition des principes sur la liberté du Commerce des Grains*. Trad. de l'allemand. Paris, 1793, in-8°.

RENE CARADEUC DE LA CHALOTAIS. *Discours sur l'entrée et la sortie des Grains dans le royaume*. Rennes, 1754, in-12.

RICARDO. *De la Protection accordée à l'Agriculture*. Trad. de MM. Constancio et Fonteyraud. Paris, 1847.

ROCHE DU MAIRE (de la). *Examen d'un livre qui a pour titre : De la Législation et du Commerce des Grains*, 1775. in-8°.

ROSCHER (Guillaume). *Du Commerce des Grains et des mesures à prendre en cas de cherté*. Traduit de l'allemand et annoté par M. Maurice Block. Paris, 1854.

ROUBAUD (l'abbé). *Représentations aux Magistrats contenant l'Exposition raisonnée des faits relatifs à la liberté du Commerce des Grains, et les résultats respectifs des règlements et de la liberté*. Londres et Paris, 1769, in-8°.

— *Récréations économiques* ou Lettres de l'auteur des Représentations aux Magistrats, à M. le chevalier Zanobi, principal interlocuteur des Dialogues sur le commerce des blés. Paris, 1770, in-8°.

ROUX (P.-L.). *Discours contre le projet de loi concernant l'entrepôt des Grains étrangers*. Paris, 1825, in-8°.

RUELLE (Alex.). *Apologie de l'abondance*, ou *Observations sur la Législation actuelle des Grains en France*. Paris, 1825, in-8°.

SAINT-MARS (de). *Spéculatif*, ou *Dissertation sur la Liberté du Commerce des Grains*. Amsterdam et Paris, 1790, 2 vol. in-12.

SAY (J.-B.). *Lettre à M. Ternaux*.

TERNAUX. *Sur les Moyens d'assurer les subsistances de la ville de Paris par l'établissement d'une compagnie de prévoyance*, 1819.

TURGOT. *Lettres sur les Emeutes populaires occasionnées par la cherté des Grains*, 1768.

— *Lettres sur la Liberté du Commerce des Grains, en opposition aux partisans des mesures restrictives*.

— *Lettres sur les Grains*, écrites à Terray, 1788, in-8°.

VAUDREY. *Projet d'un Décret sur les Subsistances*. Dijon, 1792.

N. B. On peut consulter, pour les ouvrages étrangers, la Bibliographie que M. Block a insérée à la suite de sa traduction du Traité du docteur Roscher.

TABLE

FIN DE LA TABLE.

Dijon, imprimerie J.-E. Rabutôt.

www.ingramcontent.com/pod-product-compliance
Ingram Content Group UK Ltd.
Pitfield, Milton Keynes, MK11 3LW, UK
UKHW020242250726
13967UKWH00004B/1485

9 782013 072342